# LOI

SUR

# L'ENSEIGNEMENT

## AVEC UN COMMENTAIRE

CONTENANT

L'indication et le sommaire des divers actes législatifs et réglementaires sur l'instruction publique depuis 1791 ; la conférence des dispositions de la nouvelle loi avec celles du régime antérieur ; le résumé des discussions auxquelles cette loi a donné lieu dans le sein de l'Assemblée législative, et la solution de plusieurs questions concernant son application, etc.

PAR M.

## G. DE CHAMPEAUX,

Avocat à la Cour d'Appel de Paris, Membre de l'Institut historique,
de la Société de l'histoire ecclésiastique de France, Auteur du Recueil général
du droit civil ecclésiastique, etc.

## Prix 75 centimes.

## PARIS

A. COURCIER, éditeur,
rue Hautefeuille, 9.

Jacques LECOFFRE, éditeur,
rue du Vieux-Colombier, 29.

COSSE, éditeur, librairie-générale de
Jurisprudence, place Dauphine, 27.

COTILLON, éditeur, librairie de Jurisprudence, rue des Grès, 16.

1850

# LOI



# L'ENSEIGNEMENT

## AVEC UN COMMENTAIRE

CONTENANT

L'indication et le sommaire des divers actes législatifs et réglementaires
sur l'instruction publique depuis 1791 ; la conférence des dispositions
de la nouvelle loi avec celles du régime antérieur ; le résumé des
discussions auxquelles cette loi a donné lieu dans le sein de l'Assemblée législative, et la solution de plusieurs questions concernant son
application, etc.

PAR M.

## G. DE CHAMPEAUX,

Avocat à la Cour d'Appel de Paris, Membre de l'Institut historique,
de la Société de l'histoire ecclésiastique de France, Auteur du Recueil général
du droit civil ecclésiastique, etc.

## Prix 75 centimes.

### PARIS

A. COURCIER, éditeur,
rue Hautefeuille, 9.

Jacques LECOFFRE, éditeur,
rue du Vieux-Colombier, 29.

COSSE, éditeur, librairie-générale de
Jurisprudence, place Dauphine, 27.

COTILLON, éditeur, librairie de Jurisprudence, rue des Grès, 16.

1850

Paris. — Imprimerie Bonaventure et Ducessois,
55, quai des Grands-Augustins.

# LOI

## SUR L'ENSEIGNEMENT

AU NOM DU PEUPLE FRANÇAIS.

L'Assemblée nationale a adopté la loi dont la teneur suit (1) :

---

(1) Exposé des motifs et projet de M. de Falloux, ministre de l'instruction publique et des cultes, présenté à l'Assemblée nationale, le 18 juin 1849 (*Moniteur* du 19; *Bulletin des Lois civiles ecclésiastiques*, vol. 1849, p. 212; rapport de M. Beugnot au nom de la commission d'instruction publique, le 6 octobre (*Moniteur* du 22 octobre (même année); examen et avis du conseil d'État, le 17 décembre (*Moniteur* du 26 et 27 du même mois); rapport supplémentaire de M. Beugnot au nom de la commission à laquelle le projet du conseil d'État avait été renvoyé (*Moniteur* du 8 janvier 1850); première délibération, le 19 janv. (*Moniteur* des 15, 16, 17, 18, 19 et 20); deuxième délibération, le 26 fév. (*Moniteur* des 13, 14, 15, 16, 17, 19, 20, 21, 22, 23, 24, 26 et 27); troisième délibération, le 15 mars (*Moniteur* des 12, 13, 14 15 et 16).

La commission d'instruction publique était composée de MM. Salmon (Meuse), Coquerel, Baze, de Melun (Ille-et-Vilaine), de l'Espinay, Sauvaire-Barthélemy, Dufougerais, Barthélemy-Saint-Hilaire, de Montalembert, Montigny, Thiers, Beugnot, Fresneau, Janvier, Parisis.

Nous ne ferons point ici l'historique de l'instruction publique en France, nous nous bornerons à donner la date et le résumé des divers actes législatifs et réglementaires qui depuis la première Révolution sont intervenus sur cette matière.

Constitution des 3-14 septembre 1791, tit. 1 (principes d'organisation d'une instruction publique);—Lois des 12 décembre 1792 (institution des écoles primaires);—30 mai. 8 juin 1793 (lieux où il en sera établi; enseignements;—30 vendémiaire an II (organisation de l'instruction publique et distribution des écoles dans les communes);—7 et 9 brumaire an II (placements des écoles; nomination des institu eurs);—29 frimaire an II (liberté de l'instruction; surveillance, etc.);—4 ventôse et 21 thermidor an II (salaires des instituteur s);—27 brumaire an III (institution des écoles primaires; jury d'instruction; régime de ces écoles);—7 ventôse (établissement d'écoles centrales);—Constitution du 5 fructidor an III, titre 10 (écoles primaires et écoles supérieures; institut national); 16 fructidor an 3 (cumul de traitements) ;—30 vendémiaire an IV (création de l'École Polytechnique, de l'École d'artillerie et autres concernant les services publics) ;—3 brumaire an IV (organisation de l'instruction publique; division en deux sections des écoles primaires des deux sexes);—Loi du 25 messidor an V (fondation de bourses);—17 pluviôse an VI (surveillance des écoles particulières et pensionnats) ;—Arrêté du 13 ventôse an X (formation d'un tableau quinquennal de l'état des sciences, lettres et arts); — Loi du 11 floréal an X (nouvelle organisation de l'instruction publique, écoles primaires, écoles secondaires, lycées, écoles spéciales) ;—Arrêté du 4 messidor an X (écoles secondaires);—30 frimaire an XI (locaux et surveillance des écoles secondaires; frais d'instruction);—Arrêté du 21 prairial an XI (règlement pour les lycées) ;—19 vendémiaire an XII (règlement pour les écoles secondaires);—Arrêté du 15 brumaire an XII (traitements);—Loi du 10 mai 1806 (création de l'Université);—12 août 1807 (dons et legs);—17 mars 1808 (organisation de l'Université);—17 septembre 1808 (règlements pour l'Université; direction exclusive de l'enseignement); — 11 décembre 1808 (biens des anciens établissements d'instruction publique);—17 février 1809 (droits du sceau) ;—4 juin 1809 (régime des anciennes écoles mises d'accord avec celui de l'Université);—31 juillet 1809 (costumes); — 12 septembre 1811 (expropriation forcée); — 15 novembre 1811 (régime de l'Université);—Ordonnance du 22 juin 1814 (maintien provisoire de l'Université);—17 février 1815 (règlement sur l'instruction publique, conseil royal, etc.);—15 août 1815 (maintien de la taxe universitaire; commission pour remplacer le grand-maître);—29 février 1816 (comités de surveillance de l'instruction primaire);—12 mars 1817 (pensions royales; revenus et dépenses des collèges royaux; bourses communales; prix des pensions);—29 novembre 1819 (Conservatoire des Arts-et-Métiers);—25 décembre 1819 (répartition des bourses dans les collèges royaux) ;—3 avril 1820 (écoles de filles soumises aux dispositions de l'ordonnance du 29 février 1816);—5 juillet 1820 (Écoles de Droit et de Médecine; conditions d'admission; dispositions disciplinaires); — 2 août 1820 (comités de surveillance des écoles primaires);—1er novembre 1820 (création du conseil royal; dispositions réglementaires) ;—27 février 1821 (réorganisation et règlement de l'instruction publique);—12 octobre 1821 (pensions royales et pensions particulières ; revenus et dépenses des collèges);—17 octobre 1821 (conditions pour le baccalauréat ès lettres);—31 octobre 1821 (écoles de filles de degrés supérieurs);—16 novembre 1821 (nomination aux bourses) ;—1er juin 1822 (attribution du grand-maître de l'Université) ;—8 avril 1824 (administration supérieure de l'instruction publique; dispositions diverses sur les écoles);—26 août 1824 (création du ministère de l'instruction publique;—Ordonnance du 21 avril 1828 (instruction primaire);—16 juin 1828 (écoles secondaires ecclésiastiques);—16 juin 1828 (idem; congrégations religieuses);—Ordonnance du 26 mars 1829 (dispositions diverses sur l'instruction publique);—Charte de 1830, art. 69 (liberté de l'enseignement);—24 août 1830 (inspecteurs généraux des études);—16 octobre 1830 (comités d'instruction primaire);—11 mars 1831 (établissement d'une école normale primaire) ;—12 mars 1831 (brevets de capacité pour les instituteurs primaires);—15 avril 1831 (surveillance de cette école);—18 avril 1831 (brevets de capacité des instituteurs primaires); —29 août 1831 (maintien de la rétribution universitaire) ;—23 septembre 1832 (organisation des Écoles des Arts-et-Métiers de Châlons et d'Angers); —Loi du 28 juin 1833 (organisation de l'instruction primaire);—Ordonnance du 16 juillet 1833 (idem);—Circulaire ministérielle des 23 juillet et 15 novembre 1833 (exécution de la loi précédente);—Ordonnance du 8 novembre 1833 (comités de surveillance des écoles primaires de Paris);—Avis du conseil royal du 8 novembre 1833 (brevets de capacité pour les écoles primaires supérieures);—Loi du 24 mai 1834, art. 8 (perception de la rétribution universitaire) ;—Ordonnance du 25 février 1835 (inspecteurs de l'instruction primaire);—Ordonnance du 23 juin 1836 (organisation des écoles primaires de filles) ;—Ordonnance du 13 février 1838 (caisses d'épargne des instituteurs primaires);—Ordonnance du 31 mai 1838, titre 4,

# TITRE Ier.

*Des autorités préposées à l'enseignement.*

## CHAPITRE PREMIER.

*Du conseil supérieur de l'instruction publique* (1).

Art. 1er. Le conseil supérieur de l'instruction publique est composé comme il suit :

Le ministre, président ;

Quatre archevêques ou évêques, élus par leurs collègues (2) ;

---

chapitre 26 (comptabilité des colléges royaux):—Ordonnance du 26 octobre 1838 (comités de surveillance des écoles primaires de Paris) ;—Ordonnance du 7 janvier 1839 (agrégés et maîtres d'études) ;—Ordonnance du 29 janvier 1839 (colléges communaux);—Ordonnances du 13 avril 1839 (instituteurs en Algérie);—Ordonnance du 23 novembre 1839 (traitements) :—Ordonnance du 17 décembre 1839 (sous-inspecteurs des écoles primaires) : —Ordonnance du 13 octobre 1840 (écoles secondaires de médecine);—Loi du 25 juin 1841, art. 3 (écoles primaires, admissions gratuites, rétribution, fixation par les préfets);—Ord. du 3 fév. 1841 (création d'emploi de sous-inspecteurs) ;—30 déc.1842 (composition du service de l'inspection et traitements);—Ord. du 3 mars 1843 (tableau gén. des Etab. d'instruct. secondaire à dresser tous les 5 ans);—Loi du 4 août 1844, art. 14, (suppress. de la rétrib. universitaire) ;—14 nov. 1844 (maîtres d'études, examens);—arrêté du 8 mars 1848 (école d'administration);—Arrêté du 7 sept. 1848 (académies, organisation);—Arrêté du 23 nov. 1848 (traitements des fonctionnaires de l'université) ;—Constitution de 1848, art. 9 (liberté de l'enseignement);—Décret du Président de la République du 16 décembre 1848 (abolition des certificats d'études) ;—Arrêté du même jour (nouveau règlement pour le baccalauréat) ;—Loi du 11 janvier 1850 (surveillance des instituteurs communaux par les préfets).

(Voyez nos observations sous cette dernière loi, *Bulletin des Lois civiles ecclésiastiques*, livraison de janvier 1850).

(1) Le conseil supérieur de l'instruction publique n'est point destiné à remplacer l'ancien conseil de l'Université. « Ce dernier conseil, a dit « M. Beugnot dans son rapport, créé par le décret du 17 mars 1808, et « modifié dans son organisation et dans ses attributions par diverses ordon- « nances rendues sous la Restauration, ne pouvait servir de modèle, car « cette institution était la conséquence déduite avec infiniment d'habileté « et de rigueur du principe exclusif adopté à cette époque, et que la Consti- « tution a détruit.

« L'Université ne doit plus être aujourd'hui qu'une institution entretenue « par le Gouvernement pour stimuler la concurrence et lui faire produire « tous ses fruits; le conseil supérieur ne doit pas être davantage l'organe « des intérêts et le défenseur des droits de l'État, car ces intérêts et ces « droits ont pour tuteur naturel le ministre. Si l'on veut donner une idée « précise et juste de cette institution appropriée au principe de la liberté, « il faut dire qu'elle représentera les droits et les intérêts de la société tout « entière, et que son influence devra être aussi sage et aussi impartiale « qu'elle sera puissante et vénérée. » (*Rapport de M. Beugnot sur le projet de loi*).

(2) La présence des archevêques et évêques dans le conseil supérieur de l'instruction publique a été diversement appréciée. Les uns n'ont vu dans cette mesure que la sanction de l'union entre l'Église et l'État sur la question d'enseignement; les autres n'y ont vu que des éléments d'embarras et de discorde pour l'avenir. Au nombre des orateurs qui se sont élevés contre cette disposition de la loi, nous citerons M. l'abbé Cazalès, qui a proposé de n'admettre dans le conseil supérieur ni archevêques ni évêques, et de les remplacer par quatre membres de l'Assemblée législative nommés en séance publique.

Un ministre de l'église réformée, élu par les consistoires ;

Un ministre de l'église de la confession d'Augsbourg, élu par les consistoires ;

---

Il n'est pas sans intérêt de connaître sur quelles raisons l'illustre représentant s'est appuyé pour repousser la situation qui est faite au clergé par la nouvelle loi.

« ..... Je me déciderais à voter le projet de loi, a dit M. de Cazalès, sans la position qui est faite au clergé parmi les autorités préposées à l'enseignement public. C'est de ce côté que le projet me paraît surtout défectueux, et je vais vous dire les principaux motifs de ma conviction.

« Quelques-uns sont des motifs spéciaux, ils touchent aux règles de la discipline intérieure de l'Église. Mais c'est là une raison catholique dont la valeur ne pourrait être comprise que par un très-petit nombre de personnes dans cette enceinte. Je ne ferai donc valoir que des raisons tirées de l'intérêt général, de l'intérêt politique. Je dirai d'abord quelques mots d'une question qui, à peine abordée à cette tribune, semble avoir été résolue d'avance. On a présenté ce projet de loi comme une sorte de concordat. Mais qu'est-ce qu'un concordat? C'est un acte conclu entre deux parties. Or, ici, où sont les deux parties contractantes? Je vois bien l'État; mais où est l'Église? Dès lors même qu'on l'appelait, il me semble qu'il y avait lieu de la consulter sur la position particulière qu'on veut faire à l'épiscopat et au clergé. Mais, dit-on, on ne lui demande que son concours dans un intérêt public, et elle ne saurait refuser de faire le bien. C'est très-vrai, je le reconnais, l'Église ne saurait jamais refuser de faire le bien. Mais il faut examiner si en effet il y a là du bien à faire, et sous quelles conditions, sous quelles formes. Eh bien ! s'est-on adressé pour cela aux chefs naturels de l'Église, et spécialement à son chef supérieur? M. l'évêque de Langres vous l'a déclaré lui-même, il a repoussé la solidarité de la religion dans le projet de loi ; c'est la politique seule qui la présente. L'Église accepte le projet ; accepte-t-elle pour cela la part qui lui est offerte dans le conseil supérieur et dans l'enseignement? Pour mon compte, je ne le crois pas. Je parle ici en mon propre nom : mais il m'est bien permis de dire ce qui est notoire. Sur cette question, le clergé de France est profondément divisé. De quel côté est la majorité? c'est une chose assez difficile à constater ; mais, ce qui est constant, c'est que, même pour ceux qui acceptent la loi, on ne se dissimule pas qu'il n'y ait quelque danger dans son exécution, quelques conflits fort probables, qui se termineront peut-être très-promptement par une rupture.

« Je rends pleinement hommage aux intentions des auteurs du projet de loi, ainsi qu'aux sentiments qui les animent ; mais ce dont je suis convaincu, c'est que les moyens qu'ils proposent vont directement contre le but qu'ils veulent atteindre ; c'est que leur projet ne peut produire rien d'heureux, ni pour la religion, ni pour l'État. (Mouvement prolongé.) En effet, vous placez le clergé dans une situation aussi fausse qu'inefficace. Êtes-vous d'abord certain que vous aurez pour vous l'unanimité du corps ecclésiastique? Ensuite, par la composition même du conseil supérieur, n'y a-t-il pas un danger permanent de désunion? Un rapide examen des matières mêmes qui seront soumises au conseil supérieur, et des attributions qui leur seront conférées vous convaincra bientôt que mon assertion est appuyée sur des preuves certaines. Je vois bien ce que la religion pourra y perdre, mais je ne vois pas aussi clairement ce qu'elle pourra y gagner. Quelle position auront donc les évêques dans le conseil supérieur ? Ils y seront les défenseurs de la liberté des cultes; ils y auront la direction religieuse de l'éducation; ils seront, comme le dit M. de Riancey, les souverains sur les points dogmatiques, et, comme ajoute le rapporteur, ils seront les surveillants spéciaux de toutes les matières qui toucheront à des vérités dont ils sont les gardiens naturels.

« Ainsi, liberté des cultes et orthodoxie de l'enseignement religieux, tels sont les attributions et les soins que vous confiez aux évêques dans le conseil supérieur.

Un membre du consistoire central israélite, élu par ses collègues ;
Trois conseillers d'État, élus par leurs collègues ;

« Quant à la liberté des cultes, elle consiste à laisser les enfants qui appartiennent aux différentes communions suivre la direction religieuse des ministres de leurs cultes respectifs. Mais cette liberté-là existe ! Qu'avez-vous besoin de la sauvegarder ?

« Pour ce qui est de l'enseignement de l'orthodoxie, de l'enseignement religieux proprement dit, c'est là une attribution qui appartient dans les écoles primaires au curé de la commune, et dans les colléges aux aumôniers, qui doivent obtenir l'agrément préalable de l'évêque diocésain, et qui doivent refuser aussitôt leur ministère, s'ils s'aperçoivent qu'on fasse d'un autre côté aux enfants une exposition erronée des dogmes religieux. Toutes ces précautions sont prises actuellement ; toutes ces garanties sont données aujourd'hui. La dissidence qu'on ne peut rencontrer dans les membres du conseil supérieur n'est donc pas là. La difficulté est donc ailleurs. Si la commission et les orateurs l'ont dissimulée, c'est que peut-être ils ne savaient comment la résoudre.

« Il y a des matières appelées mixtes qui tiennent à-la-fois au domaine purement humain et au domaine religieux. J'ai nommé par cela même la philosophie et l'histoire. Admettez-vous que dans le conseil les évêques seront les arbitres supérieurs de cet enseignement, par cette raison que ces matières touchent à quelques-unes de ces vérités dont ils sont les gardiens naturels ? Si les ministres des autres cultes demandent à exercer les mêmes droits, alors les catholiques protesteront d'un côté, les protestants de l'autre, les israélites à l'encontre des deux, et les rationalistes contre tous.

« Les catholiques seront la majorité, ou bien on arrivera à ce point que prévoyait M. l'évêque de Langres, à un point où il faudra que le clergé retire son concours devant une position inacceptable ; et ainsi, au lieu d'arriver à une conciliation, on n'aura fait que ranimer une guerre d'autant plus vive qu'on aura eu d'abord plus de négociations, qu'on aura fondé plus d'espérances pour la paix. (Très-bien ! très-bien !).....

« Croyez-moi, Messieurs, laissez les évêques à leurs fonctions sacrées, et ôtez ainsi tout prétexte à des périls nouveaux quand nous avons bien assez de ceux qui nous menacent de tous côtés. Ne donnez aucune raison d'être à la haine violente, et le vaste incendie que vous redoutez contre la religion s'éteindra de lui-même faute d'aliment.

« Il y eut aussi une époque où l'on voulut faire entrer le clergé dans l'enseignement officiel. Sous la Restauration, on fit aussi un appel au clergé. Un évêque, aussi éminent par ses vertus qu'illustre par ses talents, devint ministre de l'instruction publique, quelques ecclésiastiques occupèrent les premiers postes de l'Université. On doit même reconnaître que, sans arriver à une fusion complète, l'élément laïque et l'élément ecclésiastique vécurent d'abord en assez bonne intelligence. Cependant, l'éducation du collége n'y gagna pas grand'chose : il y eut quelques modifications apparentes, mais il n'y eut rien de changé au fond, et je ne sache pas que la génération instruite alors ait beaucoup mieux valu que celles qui avaient été élevées dans la période antérieure ou qui le furent dans la période suivante. (Mouvement.)

« Bientôt même la guerre éclate ; car le clergé ne saurait impunément, pas plus que toute autre corporation, toucher à la sphère politique. On l'accuse de marcher à l'envahissement des fonctions universitaires. Aujourd'hui, si vous donnez une part, je ne dirai pas du monopole, car le mot vous blesserait, mais une part du gouvernement de l'enseignement au clergé, ne craignez-vous pas que les vieilles haines ne se réveillent, et que la coalition que vous demandez ne produise les mêmes fruits que l'ancienne coalition officielle qui n'eut lieu qu'au détriment même du trône et de l'autel, et qui, je ne crains pas de le dire, ne contribua pas peu à précipiter le mouvement qui devait aboutir à la Révolution de Juillet ? » (Agitation.)

L'orateur soutient ensuite qu'il y a parité dans les situations, et que

Trois membres de la cour de cassation élus par leurs collègues ;

Trois membres de l'Institut, élus en assemblée générale de l'Institut ;

---

ce qui était mauvais sous la Restauration, n'est pas meilleur aujourd'hui. Si le clergé entre dans l'Université, la situation qui lui sera faite ne tardera pas à être compromise, et la religion, loin de rien gagner à l'alliance qu'on lui propose, ne fera qu'y perdre ; on accusera le clergé d'avoir prêché la liberté quand il n'avait pas sa part, et de se taire quand cette part lui est faite par le monopole. (Agitation.)

« Il me semble, ajoute l'orateur, que mon langage n'est pas celui d'un homme qui se montre exclusif. Messieurs, la liberté d'enseignement, de toutes les libertés est celle qui me paraît la moins dangereuse, parce que, pour la tenir dans de justes limites, il y a un intermédiaire, l'amour paternel, le plus vigilant des modérateurs. En Belgique, en Angleterre, en Allemagne, il n'y a pas d'autre surveillance, et l'on ne se plaint pas, que je sache.

« Je ne vois pas en quoi la modification que je propose changerait beaucoup le projet qui vous est présenté. Ce projet signale un progrès considérable dans la situation qui avait été faite jusque-là à l'Église ; je me plais à le reconnaître, je n'en persiste pas moins dans ma proposition maintenant.

« J'ai besoin, en finissant, de repousser un reproche qu'on m'adressera peut-être. On m'accusera de vouloir enlever à l'Église la position qu'on veut lui faire, on me reprochera de vouloir la maintenir loin du champ de bataille.

« Messieurs, l'Église ne reste ni neutre, ni indifférente dans les luttes sociales ; mais depuis dix-huit siècles elle descend dans ces grands combats avec ses armes. Si elle s'y présentait comme auxiliaire, si elle ne parlait plus qu'au nom de l'État, elle perdrait ce qui fait sa force et la fait si souvent triompher : elle ferait nombre, elle ne serait plus qu'un instrument, instrument dangereux pour celui qui s'en sert. (Sensation.) Voyez quel est son mode d'action : elle n'a point, comme l'État, des moyens de répression matérielle, c'est dans la sphère des esprits et des âmes qu'elle combat, qu'elle repousse les doctrines qui lui semblent dangereuses ; elle ne les combat pas, comme l'État, sur le terrain des faits et des intérêts matériels ; elle adresse au socialisme, par exemple, d'autres arguments, car elle s'efforce surtout de détruire ou du moins de désarmer les passions qui font leur danger (Sensation). Elle ne répond au tableau des douleurs et des misères de l'homme qu'en tournant son cœur vers le ciel, qu'en le relevant à ses propres yeux, en lui rappelant ses sublimes destinées. Mais pour que l'Église trouve le chemin des cœurs, il faut qu'elle parle au nom de Dieu et de l'éternité ; car elle ne peut parler au nom même de la société ; car ce sont là des intérêts temporels et politiques. (Exclamations. —Interruption.) Tout ce que la religion peut dire se trouve dans les paroles du Christ : « Cherchez le royaume de Dieu et de la justice ; tout bonheur vous sera donné par surcroît. » (Mouvement.) Messieurs, pour que la religion fasse le bien que vous attendez d'elle, donnez-lui la seule chose qu'elle demande, donnez-lui la liberté ; voilà ce qu'il lui faut ; elle ne veut ni des chaînes, ni des faveurs. C'est ainsi que la parole sera écoutée, c'est ainsi qu'elle pourra préparer cette grande réconciliation de tous les partis que nous appelons tous, et sans laquelle nous continuerons cette voie douloureuse, qui va d'une révolution à une autre révolution. Vous me pardonnerez cette digression, Messieurs. (Approbation à gauche.) J'ai parlé plus en prêtre qu'en représentant, parce que j'ai cru que c'était au cœur du prêtre qu'on s'adressait. Je vous soumets avec confiance mon amendement : si vous l'adoptez, vous rendrez à la société et à l'Église un des services les plus signalés qu'elle puisse attendre de vous. » (Sensation. —Très-bien !)

M. de Vatimesnil a répondu à M. de Cazalès, et s'est appliqué à montrer

Huit membres nommés par le président de la République en conseil des ministres, et choisis parmi les anciens membres du conseil de l'Université, les inspecteurs généraux ou supérieurs, les

---

que ses appréhensions étaient exagérées. Selon l'illustre orateur, le clergé devra nécessairement peser dans le conseil, surtout alors qu'il s'agira de la direction morale et sociale. C'est pour cela qu'il y est appelé. Il ne reculera pas par peur de se compromettre, lorsqu'il s'agit d'intérêts aussi graves. D'ailleurs, il ne craint ni les haines ni les persécutions. A l'époque du concordat, s'il avait craint, les temples, a dit l'orateur, les temples seraient restés fermés, et nous aurions eu l'effrayant spectacle d'une grande nation sans culte. Mais non, c'est par son dévouement que l'Église aida à sauver l'État.

Nous ferons, d'ailleurs observer avec Mgr l'évêque de Langres, qu'en nommant au conseil supérieur quatre de leurs collègues, les évêques de France leur donnent leur confiance et non pas leurs pouvoirs; ils ne seront donc ni liés ni engagés par les décisions, en fait de doctrine, prononcées par leurs collègues préposés à l'enseignement public. (Cette explication se trouve dans un opuscule intitulé *la Vérité sur la Loi d'enseignement, par Mgr Parisis, évêque de Langres, membre de l'Assemblée législative*).

Plusieurs autres orateurs ont parlé contre l'immixtion du clergé dans le conseil supérieur, par des motifs bien différents de ceux de M. l'abbé Cazalès. M. Raspail, notamment, s'est livré à quelques excentricités contre les congrégations religieuses et les jésuites. Mais hâtons-nous de dire que ses paroles n'ont eu d'autre objet que d'exciter les rumeurs de l'Assemblée, et que le paragraphe en question a été adopté à une grande majorité.

On a demandé si en faisant nommer par leurs collègues les évêques, on n'abrogeait point implicitement l'art. 4 de la loi organique du concordat, qui interdit toute assemblée délibérante du clergé sans la permission expresse du Gouvernement. La Commission a déclaré à ce sujet, par l'organe de M. Beugnot, qu'elle n'avait point l'intention de soulever, à propos de la liberté de l'enseignement, une question qui se rapporte à un autre ordre d'idées et de droits, celle de savoir si le clergé catholique doit jouir, sous l'empire de nos nouvelles institutions, de la faculté de se réunir pour délibérer sur le maintien de ses dogmes et l'amélioration de sa discipline. Dans la pensée du Gouvernement et de la Commission, les archevêques et les évêques devaient procéder par lettres adressées au ministre de l'instruction publique à la nomination de leurs collègues.

Ce point a au surplus été réglé par le décret suivant, du 8 mai 1850, dont voici la teneur :

*Règlement d'administration publique pour l'exécution de l'art 1ᵉʳ de la loi du 15 mars 1850, sur l'enseignement.*

Le Président de la République, sur le rapport du ministre de l'instruction publique et des cultes; vu l'art 1ᵉʳ et le troisième paragraphe de l'article 8i de la loi du 15 mars 1850 ; le conseil d'Etat entendu, décrète :

Art. 1ᵉʳ. Lorsqu'il y a lieu de procéder à l'élection de membres du conseil supérieur de l'instruction publique, le ministre informe les archevêques et évêques diocésains, les consistoires de l'église réformée et ceux de la confession d'Augsbourg, le consistoire central israélite, le conseil d'Etat, la Cour de cassation et l'Institut national, du nombre de membres qu'ils ont à élire et de l'époque à laquelle doit se faire l'élection.

2. Le ministre envoie à chaque archevêque ou évêque un bulletin de vote et une enveloppe préparée à cet effet. L'archevêque ou évêque met sous l'enveloppe cachetée, sans signe extérieur, le bulletin exprimant son vote. La dépêche portant envoi de ce bulletin est adressée à ce ministre, mais elle n'est décachetée qu'en présence de la commission désignée dans l'article ci-après. Les bulletins envoyés postérieurement à l'époque indi-

recteurs et les professeurs des Facultés : ces huit membres forment une section permanente ;

Trois membres de l'enseignement libre, nommés par le président de la République, sur la proposition du ministre de l'instruction publique.

Art. 2. Les membres de la section permanente sont nommés à vie. —Ils ne peuvent être révoqués que par le président de la République en conseil des ministres, sur la proposition du ministre de l'Instruction publique.—Ils reçoivent seuls un traitement.

Art. 3. Les autres membres du conseil sont nommés pour six ans. Ils sont indéfiniment rééligibles.

Art. 4. Le conseil supérieur tient au moins quatre sessions par an.

Le ministre peut le convoquer en session extraordinaire, toutes les fois qu'il le juge convenable.

Art. 5. Le conseil supérieur peut être appelé à donner son avis sur les projets de lois, de règlements et de décrets relatifs à l'ensei-

---

quée sont considérés comme non avenus. La commission, après avoir décacheté la dépêche, en extrait l'enveloppe contenant le bulletin, et le dépose immédiatement dans une urne.

3. Le dépouillement des votes est fait par une commission composée du ministre président et de deux archevêques ou évêques par lui désignés. Il peut être adjoint à la commission un secrétaire sans voix délibérative.

4. Les bulletins sont valables, bien qu'ils contiennent plus ou moins de noms qu'il n'y a de membres à élire. Lorsque le nombre des noms inscrits sur un bulletin est supérieur à celui des membres à élire, les derniers noms ne sont pas comptés dans la supputation des votes.

5. L'élection a lieu à la majorité relative des suffrages exprimés. En cas d'égalité de suffrages, la préférence se détermine entre les archevêques et évêques par le rang d'ancienneté, et par l'âge si le rang d'ancienneté est le même. Lorsqu'il y a plusieurs membres à élire, si l'un des élus déclare ne pas accepter, l'archevêque ou évêque qui a obtenu le plus de suffrages après eux est appelé au conseil supérieur.

6. L'assemblée des consistoires de l'église réformée et de la confession d'Augsbourg a lieu le même jour dans toute la France. Un intervalle de quinze jours au moins doit s'écouler entre l'avis donné par le ministre aux présidents des consistoires et le jour de la réunion. La convocation adressée au président de chaque consistoire est transmise immédiatement par lui à tous les membres du consistoire.

7. Les consistoires ne peuvent délibérer régulièrement que si au moins la moitié plus un des membres qui les composent sont présents. L'élection a lieu au scrutin secret ; elle n'est valable qu'autant que le candidat réunit la majorité absolue des suffrages. Dans la huitaine, le président du consistoire adresse au ministre une expédition de la délibération.

8. Le dépouillement de ces délibérations est fait par une commission composée du ministre président et d'un pasteur de chacune des deux communions désigné par lui. Il peut être adjoint à la commission un secrétaire sans voix délibérative.

9. L'élection des membres du conseil supérieur a lieu à la majorité des suffrages exprimés. En cas d'égalité de suffrages, la préférence se détermine entre les pasteurs par le rang d'ancienneté, et par l'âge, si le rang d'ancienneté est le même.

10. Le consistoire central israélite ne peut procéder à l'élection qu'autant que la moitié plus un des membres qui le composent sont présents. L'élection a lieu au scrutin secret et à la majorité absolue des suffrages.

11. Le conseil d'Etat, la Cour de cassation et l'assemblée générale de

gnement, et en général sur toutes les questions qui lui seront soumises par le ministre.

Il est nécessairement appelé à donner son avis : Sur les règlements relatifs aux examens, aux concours et aux programmes d'études dans les écoles publiques, à la surveillance des écoles libres, et en général sur tous les arrêtés portant règlement pour les établissements d'instruction publique;—Sur la création des facultés, lycées et colléges ;—Sur les secours et encouragements à accorder aux établissements libres d'instruction secondaire ;—Sur les livres qui peuvent être introduits dans les écoles publiques, et sur ceux qui doivent être défendus dans les écoles libres, comme contraires à la morale, à la constitution, et aux lois.

Il prononce en dernier ressort sur les jugements rendus par les conseils académiques dans les cas déterminés par l'art. 14.

Le conseil présente chaque année au ministre un rapport sur l'état général de l'enseignement, sur les abus qui pourraient s'introduire dans les établissements d'instruction, et sur les moyens d'y remédier (1).

---

l'Institut procèdent à la nomination des membres dont l'élection leur est attribuée conformément à leurs règlements ou usages intérieurs.

12. Les procès-verbaux des commissions désignées dans les art 3 et 8, et ceux des élections faites par le conseil-d'Etat, la Cour de cassation, l'Institut et le consistoire central israélite, sont communiqués par le ministre au conseil supérieur lors de sa première réunion.

(1) L'art. 5 détermine d'une manière précise la position du conseil supérieur. Sauf sa juridiction disciplinaire, ce conseil ne donne que des avis ; et ces avis, rien n'impose au ministre l'obligation de les suivre.

Un orateur de la gauche, M. Jules Favre, a combattu vivement l'attribution du conseil en ce qui concerne l'avis qu'il est appelé à donner sur les règlements relatifs aux examens, au concours, aux programmes d'études dans les écoles publiques, sur l'autorisation ou l'interdiction des livres dans les écoles publiques ou libres. Il a soutenu que, lorsqu'il s'agirait du règlement des programmes d'études et des livres admis dans les établissements de l'Etat, des divergences se produiront nécessairement dans le sein du conseil. Selon lui, il est impossible que les divers membres qui le composent s'entendent sur la morale, sur l'histoire et sur la philosophie qui touchent par tant de points aux questions de dogme et de controverse. Alors la guerre est imminente, car la minorité ne voudra pas subir la loi de la majorité sans protester, et l'union dont on a espéré de si heureux résultats n'aura été que l'occasion du renouvellement d'hostilités implacables. Que feront les membres du clergé dans ces circonstances, et si surtout il arrive que la majorité s'arrête à des décisions contraires à leur foi religieuse ?

Mgr l'évêque de Langres a répondu en ces termes au préopinant :

« Je répondrai en quelques mots au discours de M. Jules Favre, en ce qui concerne l'art. 5; car ce discours reproduit et résume les plus importantes objections qu'on a présentées contre cet article. Vous avez décidé qu'il y aurait un conseil supérieur pour diriger l'instruction publique en France; vous avez décidé que quatre évêques catholiques y seraient appelés : vous vous occupez maintenant de ses attributions, et comme ces attributions vont jusqu'aux doctrines, je ne parle pas des sciences humaines, mais des doctrines religieuses. (Ecoutez !)

« Je vais parler avec une bien grande franchise, car il ne faut pas d'équivoque dans une matière aussi importante, et les évêques ne viendraient pas, et leurs collègues ne les y enverraient pas si les limites de leurs pouvoirs n'étaient pas bien précisément admises et reconnues (Mouvement,)

Art. 6. La section permanente est chargée de l'examen préparatoire des questions qui se rapportent à la police, à la comptabilité et à l'administration des écoles publiques.

Elle donne son avis, toutes les fois qu'il lui est demandé par le ministre, sur les questions relatives aux droits et à l'avancement des membres du corps enseignant (1).

---

« Messieurs, en consentant pour ma très-faible part à l'introduction des évêques dans le conseil supérieur, jamais je n'ai pensé qu'il fût question de faire transiger et pactiser leurs pures et inflexibles doctrines avec ce qu'ils regardent comme des erreurs. (Mouvement prolongé.)

« Ce serait là une apostasie devant Dieu, ce serait un déshonneur devant les hommes, et jamais le clergé, quelque chose qu'il arrive, ne consentirait à un tel manquement à ses devoirs. (Approbation.)

« Je désavoue toute transaction entendue de cette sorte. Je repousse avec indignation cette interprétation de notre bonne volonté (Très-bien!) Si l'alliance de la religion avec la philosophie dont nous a parlé M. Thiers était telle, je me séparerais hautement de lui, et je n'aurais pour elle qu'un vote de rejet. (Très-bien!) Mais j'ai compris que les évêques entraient dans le conseil pour le maintien des doctrines et de l'enseignement, dont il ne leur est pas permis de changer un *iota*, parce qu'ils les considèrent comme dépôt sacré, parce qu'ils savent qu'ils en rendront compte un jour: *depositum custodi !*

« Messieurs, j'ai cru en outre que les persécutions religieuses n'étaient plus possibles de notre temps et dans notre pays; j'ai cru que quand les évêques déclareraient que tel ou tel livre porte atteinte à leurs croyances, on ne pourrait pas, on ne voudrait pas violenter leur conscience; à ce sujet j'ai pensé plus que cela. J'ai pensé que les hommes sérieux qui ont étudié leur temps avaient acquis cette conviction que quand quatre évêques seraient réunis, ils auraient d'autres pensées que celle de gêner les croyances des autres et de persécuter qui que ce soit.

« Je pensais que l'État n'enseignerait pas une croyance religieuse puisqu'il n'en a pas, qu'il laisserait enseigner ceux qui en ont, et que les croyances seraient spécialement placées sous la garantie. sous la sauvegarde des ministres qui président à ces différents cultes. Voilà dans quelles conditions j'ai promis mon vote à la loi. Telles ont été, telles sont encore mes espérances; si ces espérances ne devaient pas se réaliser, la position des évêques dans le conseil supérieur ne serait pas seulement dangereuse, elle serait inacceptable; il vaudrait mille fois mieux accepter l'amendement de M. Cazalès, ou repousser la loi; car, je le répète, en dehors de ces conditions, les évêques ne viendraient pas ou leurs collègues ne les enverraient pas. (Mouvement.) Mais, je le répète, je ne crois pas aux persécutions religieuses, et c'en serait une si la partie secrète de la loi était de tromper l'Église pour arriver à la maîtriser plus tard. (Mouvement nouveau.) Nous nous sommes ralliés à la loi, car il fallait protéger avant tout la liberté de conscience et assurer au père de famille la libre disposition de son enfant. Je ne dirai pas qu'il n'y a pas de danger dans le système qu'on vous propose. (Bruit.) Je ne retirerai pas mes réserves; je les maintiens, au contraire. (Sensation.) Il n'y a rien qui n'ait son danger; mais je persiste à croire qu'il y a possibilité de faire un certain bien avec cette combinaison.

« M. Jules Favre a contesté à l'Église la condescendance jusqu'aux dernières limites; je lui dirai que depuis soixante ans l'Église n'a versé le sang de personne, et que ses ministres sont tombés sous le fer de l'anarchie. (Sensation.) Par suite de cette condescendance, peut-être excessive, l'Église a été trompée plus d'une fois; mais elle n'a jamais trompé personne. (Très-bien!) S'il arrivait qu'un jour, au sujet de cette loi, elle fût encore trompée, eh bien! elle se retirerait sans se plaindre. sans récriminer, et laissant à Dieu et au pays le soin de juger de quel côté auraient été la loyauté, le dévouement au bien et à l'amour du pays.» (Très-bien!)

(1) Ce paragraphe n'existait point dans le projet de la commission, mais

Elle présente annuellement au conseil un rapport sur l'état de l'enseignement dans les écoles publiques.

### CHAPITRE II.

#### *Des conseils académiques.*

Art. 7. Il sera établi une académie dans chaque département (1).

Art. 8. Chaque académie est administrée par un recteur, assisté, si le ministre le juge nécessaire, d'un ou de plusieurs inspecteurs, et par un conseil académique (2).

Art. 9. Les recteurs ne sont pas choisis exclusivement parmi les membres de l'enseignement public.

Il doivent avoir le grade de licencié, ou dix années d'exercice comme inspecteurs d'académie, proviseurs, censeurs, chefs ou professeurs des classes supérieures dans un établissement public ou libre (3).

Art. 10. Le conseil académique est composé ainsi qu'il suit :

Le recteur, président ; — Un inspecteur d'académie, un fonction-

___

sur la demande de M. le ministre de l'instruction publique (M. de Parieu), il a été adopté par l'Assemblée. Il figurait d'ailleurs dans le projet du conseil d'Etat.

(1) Le décret du 17 mars 1808, créateur de l'Université, avait décidé qu'il y aurait autant d'académies que de cours d'appel. Le nombre des académies était donc, il y a peu de temps encore, de vingt-sept. Il fut réduit à vingt par arrêté du chef du pouvoir exécutif. en date du 7 septembre 1848. Les siéges en étaient à Paris, Aix, Angers, Besançon, Bordeaux, Bourges, Caen, Cahors, Dijon, Douai, Grenoble, Lyon, Montpellier, Nancy, Poitiers, Reims, Rennes, Strasbourg, Toulouse et Alger. La loi actuelle élève ce nombre à quatre-vingt-six, ou, pour parler avec plus d'exactitude, elle 'a accordé à chaque département une institution spéciale, chargée de veiller sur les intérêts et les besoins de l'enseignement.

Le chef-lieu de chaque académie est placé au chef-lieu du département. Néanmoins, le chef-lieu de l'académie de la Marne est placé à Reims ; celui de l'académie des Bouches-du-Rhône, à Aix ; celui de l'académie du Nord, à Douai. (*Décret du 27 mai 1850.*)

(2) Les inspecteurs d'académie sont actuellement au nombre de quarante-cinq, dont sept à Paris, trente-six dans les départements et deux à Alger.

A partir du 1er septembre 1850, un inspecteur d'académie sera attaché à chacune des académies dont les noms suivent : Bouches-du-Rhône, Calvados, Doubs, Côte-d'Or, Gard, Haute-Garonne, Gironde, Hérault, Ille-et-Vilaine, Isère, Maine-et-Loire, Marne, Meurthe, Nord, Pas-de-Calais, Bas-Rhin, Seine-Inférieure, Seine-et-Oise, Somme, Vienne. — Quatre inspecteurs seront attachés à l'académie de la Seine. (*Décret précité.*)

(3) Le dernier paragraphe de cet article n'était point dans le projet de la commission et du gouvernement ; il a été ajouté sur un amendement de M. Barthélemy Saint-Hilaire.

Le titre de licencié dont chaque recteur doit être pourvu, à défaut de dix années d'exercice dans l'enseignement supérieur, ne s'entend pas seulement ici des licenciés ès lettres ou ès sciences, mais encore des licenciés en droit ou en théologie. Il est évident que les docteurs en medecine jouissent de la même prérogative que les licenciés.

Les aumôniers des lycées et des colléges, étant assimilés aux professeurs de premier ordre par l'ordonnance du 15 juillet 1831, sont, après dix annaire de l'enseignement ou un inspecteur des écoles primaires désigné par le ministre ; — Le préfet où son délégué ; — L'évêque ou son délégué (1) ; — Un ecclésiastique désigné par l'évêque ; — Un ministre de l'une des deux Eglises protestantes, désigné par le ministre de l'instruction publique, dans les départements où il existe une Eglise légalement établie (2) ; — Un délégué du consistoire israélite dans chacun des départements où il existe un consistoire légalement établi (3) ;—Le procureur général près la cour d'appel, dans les villes où siége une cour d'appel, et, dans les autres, le procureur de la République près le tribunal de première instance ;—Un membre de la cour d'appel, élu par elle, ou, à défaut de cour d'appel, un membre du tribunal de première instance, élu par le tribunal ;—Quatre membres élus par le conseil général, dont deux au moins pris dans son sein.

Les doyens des facultés seront, en outre, appelés dans le conseil académique, avec voix délibérative, pour les affaires intéressant leurs Facultés respectives.

La présence de la moitié plus un des membres est nécessaire pour la validité des délibérations du conseil académique.

Art. 11. Pour le département de la Seine, le conseil académique est composé comme il suit .

---

nées d'exercice, dans le cas prévu par cet article, et peuvent par conséquent être promus au rectorat.

Les recteurs d'académie sont, quant à leur traitement, partagés en trois classes, de la manière suivante : Dix-huit recteurs de 1re classe, à 6,000 fr.; vingt-quatre recteurs de 2e classe, à 5,000 fr.; quarante-trois recteurs de 3e classe, à 4,500 fr.—Le traitement du recteur de l'académie de la Seine sera de 8,000 fr.

Les traitements des inspecteurs d'académie sont fixés de la manière suivante : Inspecteurs de l'Académie de Paris, 4,000 fr.; inspecteurs des autres académies, 3,000 fr.

Les secretaires d'académie sont également partagés en trois classes, de la manière suivante : Dix-huit secrétaires d'académie de 1re classe, à 2,000 fr.; vingt-quatre de 2e classe, à 1,800 fr.; quarante-trois de 3e classe, à 1,500 fr — Le traitement du secrétaire de l'académie de Paris sera de 4,000 fr. — (*Décret précité.*)

La classe des recteurs et des secrétaires d'académie est attachée à la personne et non pas à la résidence. (*Même décret.*)

(1) Dans les départements qui forment deux diocèses, comme la Marne et les Bouches-du-Rhône, les deux évêques seront membres du conseil ou s'y feront remplacer par leurs délégués ; mais, d'après les explications données par le ministre, il n'y aura pas lieu d'appeler dans le conseil l'ecclésiastique dont la présence est ordonnée par le paragraphe suivant.

(2) Les protestants réformés, ou calvinistes, ont des consistoires dans soixante départements : les protestants de la Confession d'Augsbourg dans le Doubs, la Meurthe, la Moselle, le Haut-Rhin, le Bas-Rhin, la Haute-Saône, la Seine et les Vosges seulement.—Le consistoire de chaque église protestante est composé des pasteurs desservant cette église et d'anciens ou notables laïques choisis parmi les citoyens les plus imposés au rôle des contributions. Le nombre de ces notables ne peut être au-dessous de six ni au-dessus de douze. Les anciens doivent être renouvelés tous les deux ans par moitié, par la voie de l'élection.

(3) Les départements où les Israélites ont des consistoires légalement établis sont : le Haut-Rhin, le Bas-Rhin, la Moselle, la Meurthe, la Gi-

Le recteur, président ; — Le préfet ; — L'archevêque de Paris ou son délégué ; — Trois ecclésiastiques désignés par l'archevêque ; — Un ministre de l'Eglise réformée, élu par le consistoire ;—Un ministre de l'Eglise de la confession d'Augsbourg, élu par le consistoire ; —Un membre du consistoire israélite, élu par le consistoire ; —Trois inspecteurs d'Académie, désignés par le ministre ; — Un inspecteur des écoles primaires, désigné par le ministre ; — Le procureur général près la cour d'appel, ou un membre du parquet désigné par lui ; —Un membre de la cour d'appel, élu par la cour ; —Un membre du tribunal de première instance, élu par le tribunal ;—Quatre membres du conseil municipal de Paris, et deux membres du conseil général de la Seine, pris parmi ceux des arrondissements de Sceaux et de Saint-Denis , tous élus par le conseil général ;—Le secrétaire général de la préfecture du département de la Seine.

Les doyens des facultés seront en outre appelés dans le conseil académique, avec voix délibérative, pour les affaires intéressant leurs Facultés respectives.

Art. 12. Les membres des conseils académiques dont la nomination est faite par élection sont élus pour trois ans et indéfiniment rééligibles.

Art. 13. Les départements fourniront un local pour le service de l'administration académique.

Art. 14. Le conseil académique donne son avis :

Sur l'état des différentes écoles établies dans le département ; — Sur les réformes à introduire dans l'enseignement, la discipline et l'administration des écoles publiques ;—Sur les budgets et les comptes administratifs des lycées, colléges et écoles normales primaires;— Sur les secours et encouragements à accorder aux écoles primaires.

Il instruit les affaires disciplinaires relatives aux membres de l'enseignement public secondaire ou supérieur, qui lui sont renvoyées par le ministre ou le recteur.

Il prononce, sauf recours au conseil supérieur, sur les affaires contentieuses relatives à l'obtention des grades, au concours devant les Facultés, à l'ouverture des écoles libres, aux droits des maîtres particuliers et à l'exercice du droit d'enseigner ; sur les poursuites dirigées contre les membres de l'instruction secondaire publique et tendantes à la révocation, avec interdiction d'exercer la profession d'instituteur libre, de chef ou professeur d'établissement libre ; et, dans les cas déterminés par la présente loi, sur les affaires disciplinaires relatives aux instituteurs primaires, publics ou libres (1).

---

ronde, les Bouches-du-Rhône, les Landes, et le département de la Seine, siége du consistoire central.

(1) On avait proposé d'insérer dans la loi que les débats devant les conseils académiques fussent publics. Mais cet amendement a été rejeté sur

Art. 15. Le conseil académique est nécessairement consulté sur les règlements relatifs au régime intérieur des lycées, colléges et écoles normales primaires, et sur les règlements relatifs aux écoles publiques primaires.

Il fixe le taux de la rétribution scolaire, sur l'avis des conseils municipaux et des délégués cantonaux.

Il détermine les cas où les communes peuvent, à raison des circonstances, et provisoirement, établir ou conserver des écoles primaires dans lesquelles seront admis des enfants de l'un et de l'autre sexe, ou des enfants appartenant aux différents cultes reconnus

Il donne son avis au recteur sur les récompenses à accorder aux instituteurs primaires.

Le recteur fait les propositions au ministre, et distribue les récompenses accordées.

Art. 16. Le conseil académique présente chaque année au ministre et au conseil général un exposé de la situation de l'enseignement dans le département.

Les rapports du conseil académique sont envoyés par le recteur au ministre, qui les communique au conseil supérieur.

**CHAPITRE III.**

*Des écoles et de l'inspection.*

**SECTION 1re.**

*Des écoles.*

Art. 17. La loi reconnait deux espèces d'écoles primaires ou secondaires :

1º Les écoles fondées ou entretenues par les communes, les départements ou l'État, et qui prennent le nom *d'écoles publiques;*

2º les écoles fondées et entretenues par des particuliers ou des associations, et qui prennent le nom d'*écoles libres.*

**SECTION II.**

*De l'inspection.*

Art. 18. L'inspection des établissements d'instruction publique ou libre est exercée,

1º par les inspecteurs généraux et supérieurs ;

2º par les recteurs et les inspecteurs d'académie ;

3º Par les inspecteurs de l'enseignement primaire ;

4º par les délégués cantonaux, le maire et le curé, le pasteur ou le délégué du consistoire israélite, en ce qui concerne l'enseignement primaire.

---

la demande de la commission, parce que les affaires de ce genre, ou au moins les affaires disciplinaires ne se jugent jamais publiquement (V. pour l'ensemble de la juridiction disciplinaire créée par la nouvelle loi, les art. 5, 30, 33, 50, 53, 57, 67, 68 et 76.)

Les ministres des différents cultes n'inspecteront que les écoles spéciales à leur culte ou les écoles mixtes pour leurs coreligionnaires seulement (1).

Le recteur pourra, en cas d'empêchement, déléguer temporairement l'inspection à un membre du conseil académique .

Art. 19. Les inspecteurs d'académie sont choisis par le ministre parmi les anciens inspecteurs, les professeurs des facultés, les proviseurs et censeurs des lycées, les principaux des collèges, les chefs d'établissements secondaires libres, les professeurs des classes supérieures dans ces diverses catégories d'établissements, les agrégés des facultés et lycées, et les inspecteurs des écoles primaires, sous la condition commune à tous du grade de licencié ou de dix ans d'exercice.

Les inspecteurs généraux et supérieurs sont choisis par le ministre, soit dans les catégories ci-dessus indiquées, soit parmi les anciens inspecteurs généraux ou inspecteurs supérieurs de l'instruction primaire, les recteurs et inspecteurs d'académie, ou parmi les membres de l'Institut.

Le ministre ne fait aucune nomination d'inspecteur général sans avoir pris l'avis du conseil supérieur.

Art. 20. L'inspection de l'enseignement primaire est spécialement confiée à deux inspecteurs supérieurs.

Il y en a outre, dans chaque arrondissement, un inspecteur de l'enseignement primaire choisi par le ministre, après avis du conseil académique.

Néanmoins, sur l'avis du conseil académique, deux arrondissements pourront être réunis pour l'inspection.

Un règlement déterminera le classement, les frais de tournée, l'avancement et les attributions des inspecteurs de l'enseignement primaire.

Art. 21. L'inspection des écoles publiques s'exerce conformément aux règlements délibérés par le conseil supérieur.

Celle des écoles libres porte sur la moralité, l'hygiène et la salubrité.

Elle ne peut porter sur l'enseignement que pour vérifier s'il n'est pas contraire à la morale, à la constitution et aux lois (2).

---

(1) Ce paragraphe n'existait ni dans le projet de M de Falloux, ni dans celui d e la commission, ni dans celui du conseil d'Etat. C'est sur la demande de M. le pasteur Coquerel qu'il a été ajouté dans la loi.

Dans les villes où il existe plusieurs paroisses, chaque curé ou desservant aura la surveillance des écoles situées dans sa circonscription. (Voy. les art. 20, 21 et 22.)

(2) Ce paragraphe, qui est emprunté au projet de loi du conseil d'Etat, ne figurait point dans le projet de la commission. Il a été adopté sur la demande du ministre. Plusieurs orateurs, entre autres M. le pasteur Coquerel, ont demandé que l'inspection des écoles libres fût exercée sur les matières de l'enseignement, mais cette disposition a été rejetée. Voici com-

Art. 22. Tout chef d'établissement primaire ou secondaire qui refusera de se soumettre à la surveillance de l'État, telle qu'elle est prescrite par l'article précédent, sera traduit devant le tribunal correctionnel de l'arrondissement, et condamné à une amende de cent francs à mille francs (1.)

En cas de récidive, l'amende sera de cinq cents francs à trois mille francs. Si le refus de se soumettre à la surveillance de l'État a donné lieu à deux condamnations dans l'année, la fermeture de l'établissement pourra être ordonnée par le jugement qui prononcera la seconde condamnation.

Le procès-verbal des inspecteurs constatant le refus du chef d'établissement fera foi jusqu'à inscription de faux.

## TITRE II.
### *De l'enseignement primaire* (2).
#### CHAPITRE I<sup>er</sup>.
### *Dispositions générales.*

Art. 23. L'enseignement primaire comprend :

---

ment M. Fresneau s'est expliqué sur cette question au nom de la commission :

« Je m'explique sans peine la préoccupation du préopinant; il peut se croire le représentant d'un principe. Je conçois qu'il s'inquiète de la liberté religieuse à l'égard du point de vue catholique. Le clergé, j'en suis sûr, ne craint pas la lumière, mais il faut savoir ce que sera l'inspection. Il peut se trouver des inspecteurs bienveillants, mais il peut se trouver des inspecteurs d'une opinion peu bienveillante, des inspecteurs d'une communion différente de celle du clergé. C'est pour garantir les établissements libres dans leur liberté que nous avions voulu que les choix du ministre à l'égard des inspecteurs fussent circonscrits dans la présentation faite par le conseil supérieur représentant tous les intérêts généraux.

« Si l'on a demandé la liberté d'enseignement, ce n'était pas seulement pour pouvoir enseigner, mais surtout pour que les pères de famille pussent faire enseigner leurs enfants par les nouvelles méthodes, et sans que les inspecteurs patentés vinssent se faire juges de ces méthodes qui n'entrèrent pas dans leurs habitudes.

« Il est donc indispensable que la surveillance de l'État soit limitée à ce que l'État a besoin de connaître. Que l'éducation soit morale et propre à faire des citoyens, voilà tout ce qu'il importe à l'État de connaître. La question des méthodes est-elle une question de salut public? Est-on donc obligé de mettre huit ans pour enseigner le latin et le grec? Le perfectionnement des méthodes est intéressé à ce que la surveillance soit limitée.

« On ajoute que la surveillance de la morale entraîne celle de l'enseignement. C'est une pure susceptibilité. Nous n'interdisons pas absolument l'inspection de l'enseignement; les règlements du conseil supérieur pourvoiront à les administrer. Du reste, l'enseignement de l'histoire et des autres sciences se bornera aux faits, et n'engagera aucune controverse. Nous avons voulu surtout poser une différence essentielle entre l'inspection de l'enseignement libre et celle de l'enseignement de l'État.» (Voy. *la Vérité sur la loi de l'enseignement par Mgr Parisis.*)

(1) Cette disposition atteint les directrices de pensionnats de jeunes personnes, et les autres institutrices qui, dans le système de la nouvelle loi, sont assimilées aux instituteurs.

(2) « Des diverses branches de l'enseignement, a dit M. Beugnot, dans

L'instruction morale et religieuse ;

La lecture ;

L'écriture ;

Les éléments de la langue française ;

Le calcul et le système légal des poids et mesures (1).

Il peut comprendre, en outre :

L'arithmétique appliquée aux opérations pratiques ;

Les éléments de l'histoire et de la géographie ;

Des notions des sciences physiques et de l'histoire naturelle, applicables aux usages de la vie ;

Des instructions élémentaires sur l'agriculture, l'industrie et l'hygiène ;

L'arpentage, le nivellement, le dessin linéaire ;

Le chant et la gymnastique.

Art. 24. L'enseignement primaire est donné gratuitement à tous les enfants dont les familles sont hors d'état de le payer (2).

---

son rapport, il n'en est pas qui doive inspirer un intérêt plus sincère mais plus réfléchi que l'enseignement primaire. Destiné à la portion de la société la plus nombreuse et la moins favorisée, à celle qu'il importe également d'arracher à l'ignorance et de ne pas exposer aux excitations d'une fausse science, si cet enseignement ne s'inspire constamment aux sources de la religion et de la morale, s'il instruit sans améliorer, on pourra calculer sur ses progrès le mal profond et de longtemps irrémédiable qu'il aura causé. Aucun État, quels que fussent la nature et la forme de ses institutions et l'état de sa civilisation, ne pourrait résister à l'action prolongée et puissante d'un enseignement populaire qui serait irréligieux et corrupteur.

« La Restauration et le gouvernement de Juillet ont accordé, par des moyens différents, de grands encouragements à l'instruction primaire, et l'on demandera peut-être pourquoi le projet de loi revient sur une matière que la loi du 28 juin 1833, rendue en exécution de la charte constitutionnelle de 1830, qui proclamait comme la constitution de 1848 la liberté d'enseignement, semblait avoir réglée d'une manière définitive. Nous répondrons que si le législateur de 1833 se proposait pour but unique d'augmenter le nombre des écoles primaires et des enfants qui les fréquentent, il a certainement réussi ; mais que s'il entrait dans sa pensée de rendre, en outre, meilleure, plus efficace, plus morale, mieux appropriée aux besoins réels de la classe populaire, l'instruction donnée dans ces écoles ; d'assurer des soins paternels au cœur et à l'intelligence naissante des enfants, afin que l'enseignement devînt pour les classes laborieuses un principe d'ordre, d'amélioration véritable et de bonheur, il est permis de douter que son succès eût été aussi complet, et l'on se demande avec une inquiétude croissante. comme l'a dit si bien l'auteur du projet de loi (M. de Falloux), s'il n'eût pas mieux valu n'ouvrir d'écoles qu'avec la certitude de n'avoir pas plus tard à les fermer.» (*Rapport de M. Beugnot sur le projet de loi de l'enseignement.*)

(1) Le programme de l'enseignement primaire obligatoire est le même que celui de l'enseignement élémentaire consacré par la loi de 1833. (Voy. l'art. 1er de cette loi.)

(2) C'est sur cet article qu'a été agitée la question de savoir si l'instruction serait gratuite et obligatoire. Plusieurs représentants, entre autres MM. Benoît. Greppo. Fayolle, se sont prononcés pour l'affirmative, en demandant qu'il fût établi une pénalité contre les pères de famille qui n'enverraient point leurs enfants à l'école. Mais M. de Vatimesnil s'est élevé contre ces

## CHAPITRE II.

### *Des instituteurs.*

#### SECTION 1ʳᵉ.

### *Des conditions d'exercice de la profession d'instituteur primaire public ou libre.*

Art. 25. Tout Français, âgé de vingt et un ans accomplis peut exercer dans toute la France la profession d'instituteur primaire, public ou libre, s'il est muni d'un brevet de capacité (1).

Le brevet de capacité peut être suppléé par le certificat de stage dont il est parlé à l'art. 47, par le diplôme de bachelier, par un certificat constatant qu'on a été admis dans une des écoles spéciales de l'Etat, ou par le titre de ministre, non interdit ni révoqué, de l'un des cultes reconnus par l'Etat.

Art. 26. Sont incapables de tenir une école publique ou libre, ou d'y être employés, des individus qui ont subi une condamnation pour crime ou pour un délit contraire à la probité ou aux mœurs, les individus privés par jugement de tout ou partie des droits mentionnés en l'art. 42 du Code pénal (2), et ceux qui ont été interdits en vertu des art. 30 et 33 de la présente loi.

---

amendements destructifs du principe de la liberté de l'enseignement, et ils ont été rejetés à une grande majorité. (Voy. l'art. 36 ci-après.)

(1) D'après l'art. 4 de la loi du 28 juin 1833, il suffisait d'être âgé de dix-huit ans accomplis pour pouvoir diriger un établissement d'instruction primaire. Suivant le même article, il fallait que l'instituteur, outre le brevet de capacité, produisît un certificat de moralité délivré par le maire de la commune où il avait résidé depuis trois ans. Cette disposition a disparu de la nouvelle loi. Ce certificat de moralité est remplacé par la faculté donnée au recteur de former opposition, soit d'office, soit sur la plainte du procureur de la république, à l'ouverture de l'école, dans l'intérêt des mœurs publiques.

Il était d'ailleurs urgent de corriger la loi de 1833, sous ce rapport, car la Cour de cassation venait de déclarer qu'un instituteur communal destitué par le comité d'arrondissement pouvait, au moyen du certificat de moralité, qu'il avait précédemment obtenu, ouvrir une école libre. (*Rapport de M. Beugnot* ; voy. les art. 26, 27, 28, 29 et 30.)

La loi ne pouvant avoir d'effet rétroactif, il est entendu que les instituteurs en exercice qui n'ont point encore atteint leur vingt-unième année conservent leurs droits acquis.

(2) Cet article est ainsi conçu : « Les tribunaux jugeant correctionnelle-
« ment pourront, dans certains cas, interdire en tout ou en partie l'exercice
« des droits civiques, civils et de famille suivants : 1º de vote et d'élection ;
« 2º d'éligibilité ; 3º d'être appelé ou nommé aux fonctions de juré ou autres
« fonctions publiques, ou aux emplois de l'administration, ou d'exercer
« ces fonctions ou emplois ; 4º du port d'armes ; 5º de vote et de suffrage
« dans les délibérations de famille ; 6º d'être tuteur, curateur, si ce n'est
« de ses enfants, et sur l'avis seulement de la famille ; 7° d'être expert ou
« employé comme témoin dans les actes ; 8° de témoignage en justice, au-
« trement que pour y faire de simples déclarations. »

SECTION II.

## *Des conditions spéciales aux instituteurs libres.*

**Art. 27.** Tout instituteur qui veut ouvrir une école libre doit préalablement déclarer son intention au maire de la commune où il veut s'établir, lui désigner le local, et lui donner l'indication des lieux où il a résidé et des professions qu'il a exercées pendant les dix années précédentes.

Cette déclaration doit être, en outre, adressée par le postulant au recteur de l'académie, au procureur de la République et au sous-préfet.

Elle demeurera affichée, par les soins du maire, à la porte de la mairie pendant un mois (1).

**Art. 28.** Le recteur, soit d'office, soit sur la plainte du procureur de la République ou du sous-préfet, peut former opposition à l'ouverture de l'école, dans l'intérêt des mœurs publiques, dans le mois qui suit la déclaration à lui faite.

Cette opposition est jugée dans un bref délai, contradictoirement et sans recours, par le conseil académique.

Si le maire refuse d'approuver le local, il est statué à cet égard par ce conseil.

A défaut d'opposition, l'école peut être ouverte à l'expiration du mois, sans autre formalité.

**Art. 29.** Quiconque aura ouvert ou dirigé une école en contravention aux art. 25, 26 et 27, ou avant l'expiration du délai fixé par le dernier paragraphe de l'art. 28, sera poursuivi devant le tribunal correctionnel du lieu du délit, et condamné à une amende de cinquante francs à cinq cents francs (2).

L'école sera fermée.

En cas de récidive, le délinquant sera condamné à un emprisonnement de six jours à un mois, et à une amende de cent francs à mille francs.

La même peine de six jours à un mois d'emprisonnement et de cent francs à mille francs d'amende sera prononcée contre celui qui, dans le cas d'opposition formée à l'ouverture de son école, l'aura néanmoins ouverte avant qu'il ait été statué sur cette opposition, ou

---

(1) Un curé, ou un vicaire en exercice, peut-il établir dans sa paroisse une école primaire libre ? Cela est incontestable, s'il y a été autorisé par ses supérieurs et s'il a d'ailleurs le soin de se conformer aux prescriptions du présent article. (Voy. l'art. 66.)

(2) Aux termes d'un arrêt de la Cour de cassation du 1er juin 1827, on ouvre ou dirige une école toutes les fois que l'on réunit dans le même local des enfants qui n'appartiennent pas à la même famille pour les instruire.

L'ouverture d'une école, en contravention aux dispositions de la loi du 28 juin 1833, était punie par l'art. 6 de cette loi, qui prononçait une amende de 50 à 200 fr., et, en cas de récidive, un emprisonnement de quinze à trente jours, et une amende de 100 à 600 francs. (Voy. l'art. 80 ci-après et la note.)

bien au mépris de la décision du conseil académique qui aurait accueilli l'opposition.

Ne seront pas considérées comme tenant école, les personnes qui, dans un but purement charitable, et sans exercer la profession d'instituteur, enseigneront à lire et à écrire aux enfants, avec l'autorisation du délégué cantonal (1).

Néanmoins, cette autorisation pourra être retirée par le conseil académique.

Art. 30. Tout instituteur libre, sur la plainte du recteur, ou du procureur de la République, pourra être traduit, pour cause de faute grave dans l'exercice de ses fonctions, d'inconduite ou d'immoralité, devant le conseil académique du département, et être censuré, suspendu pour un temps qui ne pourra excéder six mois, ou interdit de l'exercice de sa profession dans la commune où il exerce (2).

Le conseil académique peut même le frapper d'une interdiction absolue. Il y aura lieu à appel devant le conseil supérieur de l'instruction publique.

Cet appel devra être interjeté dans le délai de dix jours, à compter de la notification de la décision, et ne sera pas suspensif.

### SECTION III.
#### *Des instituteurs communaux.*

Art. 31. Les instituteurs communaux sont nommés par le conseil municipal de chaque commune, et choisis soit sur une liste d'admissibilité et d'avancement dressée par le conseil académique du département, soit sur la présentation qui est faite par les supérieurs pour les membres des associations religieuses vouées à l'enseignement et autorisées par la loi ou reconnues comme établissements d'utilité publique (3).

---

(1) Ce paragraphe qui consacre pour les personnes charitables la faculté d'enseigner à lire et à écrire n'existait point dans le projet du gouvernement. La commission, en le proposant, n'avait pas cru devoir soumettre l'exercice de cette faculté à l'autorisation du délégué cantonal, et c'est sur la demande du ministre que la nécessité de cette autorisation a été inscrite dans la loi.

(2) Il n'en était pas ainsi sous l'empire de la loi de 1833 d'après laquelle, art. 7, l'instituteur privé était justiciable du tribunal civil de l'arrondissement, jugeant en chambre du conseil. L'instituteur avait toutefois le droit d'appeler devant la cour. La seule peine qui pouvait être prononcée contre lui était l'interdiction de sa profession à temps ou à toujours, et les seuls motifs écrits dans la loi étaient l'immoralité et l'inconduite.

(3) D'après l'art. 21 de la loi du 28 juin 1833, la nomination des instituteurs communaux se fait ainsi : le conseil municipal, après avoir pris l'avis du comité communal, présente un candidat au comité d'arrondissement qui nomme, et le ministre institue. Dans le nouveau système, le conseil académique et les congrégations proposent, et le conseil municipal choisit.

La commission avait proposé de conférer au conseil académique du dé-

Les consistoires jouissent du droit de présentation pour les institeurs appartenant aux cultes non catholiques.

Si le conseil municipal avait fait un choix non conforme à la loi, ou n'en avait fait aucun, il sera pourvu à la nomination par le conseil académique, un mois après la mise en demeure adressée au maire par le recteur.

L'institution est donnée par le ministre de l'instruction publique.

Art. 32. Il est interdit aux instituteurs communaux d'exercer aucune fonction administrative sans l'autorisation du conseil académique (1).

---

partement la nomination exclusive des instituteurs communaux. Elle avait aussi introduit cette disposition par laquelle le même conseil pouvait changer les instituteurs de résidence. C'était détruire le privilége de l'inamovilité dont ces fonctionnaires avaient joui jusqu'à ce jour. Le système de la commission, comme on le voit, n'a point été adopté par l'Assemblée législative quant à la nomination et au déplacement des instituteurs, mais elle n'a point non plus consacré d'une manière formelle, en leur faveur, le principe d'une inamovibilité absolue, puisque l'art. 33 de la loi donne au recteur seul le droit de prononcer leur suspension et même leur révocation. (Voyez l'art. 34.)

Les congrégations religieuses qui sont vouées à l'enseignement, en France, sont assez nombreuses. Voici la désignation de celles qui sont reconnues par la loi ou par des ordonnances royales :

*Les Frères de la Doctrine chrétienne*, pour toute la France, dont la société est établie à Paris, rue Plumet;—*La société des Frères Saint-Antoine*, pour toute la France, dont le siége est aussi à Paris, rue des Fossés Saint-Victor;—*Les Frères de la Doctrine chrétienne du diocèse de Strasbourg*, pour les départements du Haut et du Bas-Rhin, à Strasbourg; —*Les Frères de la Doctrine chrétienne du diocèse de Nancy*, pour les départements de la Meurthe, de la Meuse et des Vosges, à Vezelise (Meurthe); —*Les Frères de l'instruction chrétienne du Saint-Esprit*, pour les départements de Maine-et-Loire, Deux-Sèvres, Charente-Inférieure et Vendée, à Saint-Laurent (Vendée);—*Les Frères de Marie*, pour toute la France, à Bordeaux;—*Les Frères de la Croix*, pour les départements de l'Oise, Eure, Seine-et-Oise, Eure-et-Loir, Seine-et-Marne, à Saint-Germain-en-Laye (Seine-et-Oise);—*Les Frères de l'instruction chrétienne du diocèse de Viviers*, pour les départements de la Haute-Loire et de l'Ardèche, à Viviers; *Les Frères de Saint-Joseph du diocèse du Mans*, pour les départements de la Sarthe et de la Mayenne, à Ruillié-sur-Loir (Sarthe);—*La Congrégation de l'instruction chrétienne du diocèse de Valence*, pour les départements des Hautes-Alpes, de la Drôme et de l'Isère, à Saint-Paul-Trois-Châteaux (Drôme);—*La Congrégation de l'instruction chrétienne*, pour les départements composant l'ancienne Bretagne, à Ploërmel;—*Les Frères Saint-Joseph*, pour les communes rurales du département de la Somme, à Amiens. (Voy., relativement à l'existence légale de l'association des Frères des Ecoles chrétiennes, l'art. 109 du décret organique de l'Université du 17 mars 1808, et les ordonnances des 29 février 1816, 14 avril 1824 et 21 mai 1828.)

(1) La loi du 21 mars 1831, sur l'organisation municipale, avait aussi déclaré qu'il y avait incompatibilité entre les fonctions d'instituteur primaire et celles de maire, d'adjoint au maire et de conseiller municipal, (art. 6 et 18). Rien ne s'oppose, toutefois, à ce que l'instituteur communal remplisse les fonctions de chantre, de clerc paroissial et même de fabricien, parce que ce ne seront pas là des fonctions administratives dans le sens de la loi.

Toute profession commerciale ou industrielle leur est absolument interdite (1).

Art. 33. Le recteur peut, suivant les cas, réprimander, suspendre, avec ou sans privation totale ou partielle de traitement, pour un temps qui n'excédera pas six mois, ou révoquer l'instituteur communal (2).

L'instituteur révoqué est incapable d'exercer la profession d'instituteur, soit public, soit libre, dans la même commune.

Le conseil académique peut, après l'avoir entendu ou dûment appelé, frapper l'instituteur communal d'une interdiction absolue, sauf appel devant le conseil supérieur de l'instruction publique dans le délai de dix jours, à partir de la notification de la décision. Cet appel n'est pas suspensif (3).

En cas d'urgence, le maire peut suspendre provisoirement l'instituteur communal, à charge de rendre compte, dans les deux jours, au recteur (4).

Art. 34. Le conseil académique détermine les écoles publiques auxquelles, d'après le nombre des élèves, il doit être attaché un instituteur adjoint.

Les instituteurs adjoints peuvent n'être âgés que de dix-huit ans et ne sont pas assujettis aux conditions de l'art. 25.

---

L'instituteur communal ne peut non plus être nommé secrétaire de la mairie qu'avec l'autorisation du conseil académique. (Explication donnée par la commission.)

(1) Il résulte des explications de la commission que cette interdiction ne s'applique point aux femmes des instituteurs, parce qu'il est admis dans notre législation que les femmes peuvent faire le commerce séparément de leur mari. Elles n'ont besoin pour cela que de leur autorisation. (Art. 4 du code de commerce).

(2) Le pouvoir de révocation qui est ici donné au recteur avait été conféré au préfet par la loi provisoire du 11 janvier 1850.

Mais l'instituteur inculpé ne doit-il pas être entendu avant d'être révoqué ? La question a été posée dans la discussion et résolue négativement. Il ne doit l'être que lorsqu'il est sujet à une révocation définitive. Dans ce cas, une procédure doit être engagée sur la matière, et le délinquant ne peut être atteint que par un jugement régulier.

A la troisième délibération de la loi, M. Saint-Romme a proposé d'ajouter après l'art. 30, que la publication des motifs de la réprimande, de la suspension ou de la révocation de l'instituteur communal par le recteur fût interdite et poursuivie conformément aux lois sur l'injure et la diffamation. Mais cet amendement a été repoussé par la commission et par l'Assemblée.

(3) Voyez toutefois l'art. 30. — Sous l'empire de la loi de 1833, l'instituteur communal ne pouvait être réprimandé, suspendu ou révoqué que par le comité supérieur : de plus, il ne pouvait l'être que pour négligence habituelle ou pour fautes graves, après que son affaire avait été instruite et qu'il avait été dûment appelé. Aujourd'hui, les peines peuvent être prononcées par le recteur seul, dans les cas qui lui paraîtront convenables, car la loi nouvelle n'en spécifie aucun et ne met pas de limite à l'exercice de ce droit.

(4) Le même droit avait été aussi concédé aux maires par la loi du 28 juin 1833.

Ils sont nommés et révocables par l'instituteur, avec l'agrément du recteur de l'académie. Les instituteurs adjoints appartenant aux associations religieuses dont il est parlé dans l'article 31 sont nommés et peuvent être révoqués par les supérieurs de ces associations.

Le conseil municipal fixe le traitement des instituteurs adjoints. Ce traitement est à la charge exclusive de la commune.

Art. 35. Tout département est tenu de pourvoir au recrutement des instituteurs communaux, en entretenant des élèves-maîtres soit dans les établissements d'instruction primaire désignés par le conseil académique, soit aussi dans l'école normale établie à cet effet par le département.

Les écoles normales peuvent être supprimées par le conseil général du département ; elles peuvent l'être également par le ministre, en conseil supérieur, sur le rapport du conseil académique, sauf, dans les deux cas, le droit acquis aux boursiers en jouissance de leur bourse.

Le programme de l'enseignement, les conditions d'entrée et de sortie, celles qui sont relatives à la nomination du personnel, et tout ce qui concerne les écoles normales, sera déterminé par un règlement délibéré en conseil supérieur.

### CHAPITRE III.
#### *Des écoles communales.*

Art. 36. Toute commune doit entretenir une ou plusieurs écoles primaires.

Le conseil académique du département peut autoriser une commune à se réunir à une ou plusieurs communes voisines pour l'entretien d'une école (1).

Toute commune a la faculté d'entretenir une ou plusieurs écoles entièrement gratuites, à la condition d'y subvenir sur ses propres ressources.

Le conseil académique peut dispenser une commune d'entretenir une école publique, à condition qu'elle pourvoira à l'enseignement primaire gratuit, dans une école libre, de tous les enfants dont les familles sont hors d'état d'y subvenir. Cette dispense peut toujours être retirée (2).

---

(1) L'obligation d'entretenir une école était également imposée aux communes par la loi de 1833, mais l'autorisation de se réunir ne pouvait être donnée que par le ministre de l'instruction publique (art. 9).

(2) Le paragraphe de cet article, en vertu duquel le conseil académique peut dispenser une commune d'entretenir une école publique, pourvu que cette commune ait une école libre où les enfants pauvres reçoivent gratuitement l'enseignement primaire, a été vivement attaqué par M. Anglade. Selon cet orateur, l'école avec ce système, restera une institution libre, sur laquelle la commune, malgré la subvention qu'elle lui paiera, ne possédera aucun contrôle, aucun droit d'inspection. C'est en outre, a ajouté l'orateur, ouvrir la porte, dans beaucoup de localités, à l'enseignement

Dans les communes où les différents cultes reconnus sont professés publiquement, des écoles séparées seront établies pour les enfants appartenant à chacun de ces cultes, sauf ce qui est dit à l'article 15.

La commune peut, avec l'autorisation du conseil académique, exiger que l'instituteur communal donne, en tout ou en partie, à son enseignement les développements dont il est parlé à l'art. 23.

Art. 37. Toute commune doit fournir à l'instituteur un local convenable, tant pour son habitation que pour la tenue de l'école, le mobilier de classe, et un traitement (1).

Art. 38. A dater du 1er janvier 1851, le traitement des instituteurs communaux se composera :

1° D'un traitement fixe qui ne peut être inférieur à deux cents francs ;

2° Du produit de la rétribution scolaire (2);

3° D'un supplément accordé à tous ceux dont le traitement, joint au produit de la rétribution scolaire, n'atteint pas six cents francs.

Ce supplément sera calculé d'après le total de la rétribution scolaire pendant l'année précédente.

Art. 39. Une caisse de retraites sera substituée, par un règlement d'administration publique, aux caisses d'épargne des instituteurs.

Art. 40. A défaut de fondations, dons ou legs, le conseil municipal délibère sur les moyens de pourvoir aux dépenses de l'enseignement primaire dans la commune.

En cas d'insuffisance des revenus ordinaires, il est pourvu à ces dépenses au moyen d'une imposition spéciale votée par le conseil municipal, ou, à défaut du vote de ce conseil, établie par un décret du pouvoir exécutif. Cette imposition, qui devra être autorisée chaque année par la loi de finances, ne pourra excéder trois centimes additionnels au principal des quatre contributions directes.

Lorsque des communes, soit par elles-mêmes, soit en se réunissant à d'autres communes, n'auront pu subvenir, de la manière qui

---

clérical ou congréganiste, et revenir aux plus mauvais jours de la Restauration. Ces observations, toutefois, étaient dénuées de fondement, parce que cette école sera comme les autres soumise à la surveillance et à l'inspection des autorités préposées à l'enseignement primaire. Au reste, elles n'ont trouvé aucun écho dans l'Assemblée, et le paragraphe en question a été adopté.

Un amendement de M. Saint-Romme, tendant à ce que l'instituteur communal ne pût être réprimandé, suspendu ou interdit de ses fonctions que dans le cas et dans les formes où pourrait l'être l'instituteur libre, a également été repoussé.

(1) Disposition prise de l'art. 12 de la loi de 1833.

(2) Le taux de la rétribution scolaire est fixé par le conseil académique, sur l'avis des conseils municipaux et des délégués cantonaux (Art. 15). Sous la loi de 1833, ce soin rentrait dans les attributions des conseils municipaux. Le mode de perception de cette rétribution est déterminé par l'article 41 ci-après.

vient d'être indiquée, aux dépenses de l'école communale, il y sera pourvu sur les ressources ordinaires du département, ou, en cas d'insuffisance, au moyen d'une imposition spéciale votée par le conseil général, ou, à défaut du vote de ce conseil, établie par un décret. Cette imposition, autorisée chaque année par la loi de finances, ne devra pas excéder deux centimes additionnels au principal des quatre contributions directes.

Si les ressources communales et départementales ne suffisent pas, le ministre de l'instruction publique accordera une subvention sur le crédit qui sera porté annuellement, pour l'enseignement primaire, au budget de l'Etat.

Chaque année, un rapport annexé au projet de budget fera connaître l'emploi des fonds alloués pour l'année précédente (1).

Art. 41. La rétribution scolaire est perçue dans la même forme que les contributions publiques directes; elle est exempte des droits de timbre, et donne droit aux mêmes remises que les autres recouvrements (2).

Néanmoins, sur l'avis conforme du conseil général, l'instituteur communal pourra être autorisé par le conseil académique à percevoir lui-même la rétribution scolaire.

### CHAPITRE IV.
*Des délégués cantonaux, et des autres autorités préposées à l'enseignement primaire.*

Art. 42. Le conseil académique du département désigne un ou plusieurs délégués résidant dans chaque canton, pour surveiller les écoles publiques et libres du canton, et détermine les écoles particulièrement soumises à la surveillance de chacun.

Les délégués sont nommés pour trois ans; ils sont rééligibles et révocables. Chaque délégué correspond, tant avec le conseil académique, auquel il doit adresser ses rapports, qu'avec les autorités locales, pour tout ce qui regarde l'Etat et les besoins de l'enseignement primaire dans sa cironscription.

Il peut, lorsqu'il n'est pas membre du conseil académique, assister à ses séances, avec voix consultative pour les affaires intéressant les écoles de sa circonscription.

Les délégués se réunissent au moins une fois tous les trois mois, au chef-lieu de canton, sous la présidence de celui d'entre eux qu'ils désignent, pour convenir des avis à transmettre au conseil académique (3).

---

(1) La disposition de cet article est entièrement conforme à celle de l'article 13 de la loi de 1833.

(2) La loi de 1833 n'accorde aucune remise aux agents des finances pour la perception de la rétribution scolaire, et l'instituteur était forcé dans beaucoup de lieux d'en demander lui-même le paiement, au préjudice de sa considération et de ses intérêts. (Voy. l'art. 38 et la note.)

(3) Sous le régime universitaire, l'inspection des établissements d'instruc-

Art. 43. A Paris, les délégués nommés pour chaque arrondissement par le conseil académique se réunissent au moins une fois tous les mois, avec le maire, un adjoint, le juge de paix, un curé de l'arrondissement et un ecclésiastique, ces deux derniers désignés par l'archevêque, pour s'entendre au sujet de la surveillance locale, et pour convenir des avis à transmettre au conseil académique. Les ministres des cultes non catholiques reconnus, s'il y a dans l'arrondissement des écoles suivies par des enfants appartenant à ces cultes, assistent à ces réunions avec voix délibérative.

La réunion est présidée par le maire.

Art. 44. Les autorités locales préposées à la surveillance et à la direction morale de l'enseignement primaire sont, pour chaque école, le maire, le curé, le pasteur ou le délégué du culte israélite, et, dans les communes de deux mille âmes et au-dessus, un ou plusieurs habitants de la commune délégués par le conseil académique(1).

Les ministres des différents cultes sont spécialement chargés de surveiller l'enseignement religieux de l'école.

L'entrée de l'école leur est toujours ouverte.

Dans les communes où il existe des écoles mixtes, un ministre de chaque culte aura toujours l'entrée de l'école pour veiller à l'éducation religieuse des enfants de son culte.

Lorsqu'il y a pour chaque culte des écoles séparées, les enfants

---

tion primaire était exercée par deux inspecteurs supérieurs, quatre-vingt-sept inspecteurs de département et cent trente-trois sous-inspecteurs. De plus, la surveillance spéciale de ces établissements appartenait dans chaque commune au comité communal, dans chaque arrondissement au comité d'arrondissement, et dans chaque académie au conseil académique. (Voy. les art. 17 et suiv. de la loi du 28 juin 1833.)

Depuis la loi du 11 janvier 1850, la surveillance des instituteurs communaux est dévolue aux préfets. Le décret du 15 novembre 1811 avait aussi reconnu à ces fonctionnaires et leur avait même imposé le devoir de surveiller les établissements d'instruction placés dans leurs départements. D'après la loi du 28 juin 1833, ils étaient appelés à présider tous les comités d'instruction primaire des départements, et l'on sait que jusqu'à l'ordonnance du 21 avril 1828, les écoles primaires et les maisons d'éducation de filles sont restées sous leur surveillance et direction immédiate. (Voy. le *Bulletin des Lois civiles ecclésiastiques*, liv. de janvier 1850).

Dans les systèmes de la nouvelle loi, les comités locaux sont supprimés. Mais on peut les rétablir de fait en nommant dans une même commune plusieurs délégués cantonaux qui se réuniront et se concerteront pour la surveillance. Ces comités sont réellement rétablis à Paris par l'art. 43, et dans les autres villes par le paragraphe 1er de l'art. 41. (Voy. l'art. 84 ci-après et la note.)

On a demandé si les délégués cantonaux jouissaient de la franchise de correspondance avec les autorités avec lesquelles ils sont obligés de correspondre. Aucun règlement ne leur a encore concédé cette faculté.

(1) Voy. l'article 42 et la note; voy. aussi l'article 18, et la note qui l'accompagne.

d'un culte ne doivent être admis dans l'école d'un autre culte que sur la volonté formellement exprimée par les parents.

Art. 45. Le maire dresse chaque année, de concert avec les ministres des différents cultes, la liste des enfants qui doivent être admis gratuitement dans les écoles publiques. Cette liste est approuvée par le conseil municipal, et définitivement arrêtée par le préfet (1).

Art. 46. Chaque année le conseil académique nomme une commission d'examen chargée de juger publiquement et à des époques déterminées par le recteur l'aptitude des aspirants au brevet de capacité, quel que soit le lieu de leur domicile.

Cette commission se compose de sept membres, et choisit son président.

Un inspecteur d'arrondissement pour l'instruction primaire, un ministre du culte professé par le candidat (2), et deux membres de l'enseignement public ou libre, en font nécessairement partie.

L'examen ne portera que sur les matières comprises dans la première partie de l'art. 23.

Les candidats qui voudront être examinés sur tout ou partie des autres matières spécifiées dans le même article en feront la demande à la commission. Les brevets délivrés feront mention des matières spéciales sur lesquelles les candidats auront répondu d'une manière satisfaisante.

Art. 47. Le conseil académique délivre, s'il y a lieu, des certificats de stage aux personnes qui justifient avoir enseigné pendant trois ans au moins les matières comprises dans la première partie de l'art. 23, dans les écoles publiques ou libres autorisées à recevoir des stagiaires.

Les élèves maîtres sont, pendant la durée de leur stage, spécialement surveillés par les inspecteurs de l'enseignement primaire.

### CHAPITRE V.

*Des écoles de filles (3).*

Art. 48. L'enseignement primaire dans les écoles de filles com-

---

(1) Aux termes de l'art. 14 de la loi du 28 juin 1833, la liste dont il est question dans cet article était dressée par le conseil municipal, mais, comme aujourd'hui, la délibération de ce conseil n'était définitive que lorsqu'elle avait été approuvée par le préfet. (*Loi des Finances* du 25 juin 1841, tit. 1, art. 3.) (Voy. l'art. 38, ci-dessus.)

(2) Le curé du lieu où se réunit la commission d'examen doit, sans doute être choisi pour faire partie de cette commission. Mais l'article ne dit point que ce sera lui nécessairement. (Voy. l'art. 42 et la note.)

(3) Aucune loi, a dit M. Beugnot dans son rapport, n'a réglé le sort des écoles de filles, et nous saisissons l'occasion de faire cesser, au moyen de quelques dispositions additionnelles, l'incertitude du régime sous lequel elles sont placées.

La séparation des garçons et des filles dans les écoles primaires est un

prend, outre les matières de l'enseignement primaire énoncées dans l'art. 23, les travaux à l'aiguille.

Art. 49. Les lettres d'obédience tiendront lieu de brevet de capa-

---

but vers lequel tend le projet de loi, mais que la pauvreté d'un grand nombre de communes empêchera d'atteindre complétement. Les articles de la loi ont été rédigés de manière à établir clairement que les écoles mixtes, sources de désordres souvent irréparables sur lesquels nous ne devons pas nous étendre, mais que chacun devine, ne doivent exister que par exception et quand la pénurie constatée des localités en excuse la tolérance. Cependant les communes possédant une population agglomérée de 800 âmes au moins peuvent, dans le plus grand nombre des cas, entretenir deux écoles, l'une de garçons, l'autre de filles. Nous demandons au nom des bonnes mœurs que l'obligation leur en soit imposée, et, en même temps, nous faisons appel aux citoyens éclairés, aux personnes charitables, aux habitants riches de la campagne, afin qu'à l'aide de dons et de souscriptions, ils viennent en aide à celles pour qui cette obligation nouvelle serait une charge trop pesante.

Il est des communes où existent à la fois une école communale mixte et une école libre de filles ; car l'usage, que nous ne saurions trop blâmer, a prévalu, de n'interdire aux filles l'école des garçons que quand l'institutrice est déclarée communale, ou, en d'autres termes, lorsqu'elle reçoit une allocation de la commune. Notre article réprimera un abus qui n'aurait jamais dû exister.

Nous éprouvons une vive satisfaction de pouvoir étendre les garanties de la loi sur les institutrices appartenant à des congrégations religieuses vouées à l'enseignement primaire.

Personne ne songerait à nier les services rendus par ces institutrices à l'éducation et à l'enseignement populaire. En 1837, le ministre de l'instruction publique proclamait dans les termes suivants la justice qui leur est due : « Non-seulement elles instruisent un bien plus grand nombre d'enfants que les institutrices laïques, quoiqu'elles dirigent moins d'écoles, mais encore on peut dire qu'elles l'emportent beaucoup quant à la tenue des classes, à la direction morale et religieuse des jeunes filles, et même quant à l'enseignement. »

La conséquence d'une telle déclaration devait être d'accorder à ces pieuses filles, dont la vie est un long exemple de pureté et de sacrifice, non des faveurs qu'elles ne demandent pas, mais la liberté de faire de plus en plus le bien. Cette liberté leur a été constamment disputée, comme s'il n'existait pas 2,000 communes à qui il est et il sera toujours impossible de faire cesser le danger des écoles mixtes sans le concours actif et dévoué des congrégations de femmes.

Ces congrégations sont placées par la loi du 24 mai 1825, par les ordonnances d'autorisation qui leur ont été accordées et par leurs statuts, sous l'autorité et sous la surveillance de l'évêque diocésain. Ce régime leur fut favorable et ne donna pas lieu à une seule plainte; cependant l'ordonnance du 23 juin 1836 lui porta un coup funeste en décidant que « les institutrices appartenant à une congrégation religieuse pourraient être autorisées par le recteur, sur le vu de leurs lettres d'obédience, à tenir une école primaire, » car les recteurs ayant le soin de n'accorder leur autorisation que pour une seule année, tiennent sous leur main et dans une perpétuelle incertitude des établissements dont la stabilité est la nature et fait la force.

Les congrégations se soumirent sans murmurer à une prescription que la loi de 1825 ne permettait pas de leur imposer. Mais le ministre de l'instruction publique du gouvernement provisoire alla beaucoup plus loin par sa circulaire du 5 juin 1848: il repoussa les lettres d'obédience comme une exception qui ne pouvait être maintenue en présence du principe d'égalité proclamé par le gouvernement républicain, invitant les recteurs à n'accorder désormais l'autorisation d'ouvrir des écoles primaires de filles qu'à

cité aux institutrices appartenant à des congrégations religieuses vouées à l'enseignement et reconnues par l'Etat.

L'examen des institutrices n'aura pas lieu publiquement (1).

Art. 50. Tout ce qui se rapporte à l'examen des institutrices, à la surveillance et à l'inspection des écoles de filles, sera l'objet d'un règlement délibéré en conseil supérieur. Les autres dispositions de la présente loi, relatives aux écoles et aux instituteurs, sont applicables aux écoles de filles et aux institutrices, à l'exception des art. 38, 39, 40 et 41 (2).

Art. 51. Toute commune de huit cents âmes de population et au-dessus est tenue, si ses propres ressources lui en fournissent les moyens, d'avoir au moins une école de filles, sauf ce qui est dit à l'art. 15.

Le conseil académique peut, en outre, obliger les communes d'une population inférieure à entretenir, si leurs ressources ordinaires le leur permettent, une école de filles ; et, en cas de réunion de plusieurs communes pour l'enseignement primaire, il pourra, selon les circonstances, décider que l'école de garçons et l'école de filles seront dans deux communes différentes. Il prend l'avis du conseil municipal (3).

---

des institutrices munies d'un brevet de capacité régulièrement obtenu après examen.

Le principe de l'égalité républicaine prescrivait, selon nous, de ne pas exiger deux brevets de capacité d'une institutrice religieuse, quand on n'en exige qu'un d'une institutrice laïque. Les lettres d'obédience sont de véritables brevets de capacité délivrés par les supérieures, après trois ou quatre ans de postulat et de noviciat, et à la suite d'épreuves bien autrement sérieuses qu'un examen passé devant une commission choisie au hasard.

La loi fera donc un acte de justice et de véritable égalité, qui profitera à des écoles dont nous désirons ardemment voir accroître le nombre, en déclarant que les lettres d'obédience tiendront lieu aux religieuses du certificat de capacité. (*Rapport de M. Beugnot.*)

Le régime des écoles de filles était antérieurement réglé par l'ordonnance royale du 23 juin 1836.

(1) Depuis l'ordonnance royale du 23 juin 1836, l'examen des aspirantes au brevet de capacité avait lieu publiquement.

(2) Ces articles sont relatifs au traitement des instituteurs communaux. Le taux du traitement des institutrices communales n'est point fixé, et la loi ne leur garantit point comme aux instituteurs un minimum de 600 fr. Ce point devra faire l'objet d'un règlement particulier. Dans tous les cas, le traitement se composera nécessairement d'une subvention communale votée par le conseil municipal et de la rétribution scolaire. Au reste, l'art. 41 de la présente loi étant inapplicable ici, il en résulte que le percepteur ne devra point être appelé à toucher la rétribution scolaire des filles, et que ce soin est laissé aux institutrices elles-mêmes. (Voy. l'art. 15.)

(3) Plusieurs questions naissent sur cet article : Le conseil académique doit-il prendre l'initiative au sujet des communes qui n'ont pas 800 âmes, ou bien faudra-t-il que ces communes, qui voudront une institutrice communale, en fassent la demande ? Quand l'avis du conseil municipal ne sera pas favorable à la mesure et qu'il refusera tout sacrifice à cet effet, le conseil académique pourra-t-il passer outre ?

L'obligation d'avoir une école de filles est imposée aux communes qui

Art. 52. Aucune école primaire, publique ou libre, ne peut, sans l'autorisation du conseil académique, recevoir d'enfants des deux sexes, s'il existe dans la commune une école publique ou libre de filles (1).

### CHAPITRE VI.

*Institutions complémentaires.*

#### SECTION 1re.

*Des pensionnats primaires.*

Art. 53. Tout Français âgé de vingt-cinq ans, ayant au moins cinq années d'exercice comme instituteur, ou comme maître dans un pensionnat primaire, et remplissant les conditions énumérées en l'article 25, peut ouvrir un pensionnat primaire, après avoir déclaré son intention au recteur de l'académie et au maire de la commune. Toutefois, les instituteurs communaux ne pourront ouvrir de pensionnat qu'avec l'autorisation du conseil académique, sur l'avis du conseil municipal (2).

Le programme de l'enseignement et le plan du local doivent être adressés au maire et au recteur.

---

n'ont point 800 habitants comme à celles qui ont cette population, toutes les fois qu'elles ont les ressources suffisantes pour subvenir aux frais nécessités par cette école. Lors donc qu'elles se trouvent dans ce cas, elles doivent s'empresser de satisfaire à la loi. Le conseil municipal vote l'allocation jugée nécessaire et nomme l'institutrice conformément à l'art. 31 de la présente loi. Mais si, par négligence ou par mauvais vouloir, il ne manifestait aucune intention à cet égard, ce serait au conseil académique à prendre l'initiative, et l'avis contraire du conseil municipal ne devrait point l'arrêter, car le préfet serait alors autorisé à inscrire d'office au budget de la commune la dépense que le conseil municipal aurait à tort refusé d'y porter. (Voy. les art. 15, 31 et 36.)

(1) Un membre de l'Assemblée a proposé sur cet article une disposition additionnelle portant que les instituteurs libres pourraient admettre dans leurs classes des enfants au-dessous de six ans, même dans les communes où il existe des salles d'asile. Il a rappelé, à ce sujet, que le conseil royal de l'instruction publique ayant interdit, par le règlement du 10 mars 1842, aux instituteurs privés de recevoir des enfants au-dessous de six ans et au-dessus de treize, la cour de cassation cassa ce règlement en ce qui concerne les enfants au-dessus de treize ans, et déclara cette disposition attentatoire à la liberté des familles et à celle des instituteurs privés; mais que pour les enfants au-dessous de six ans, cette cour n'a rien statué, ce qui laisse subsister une atteinte à la liberté des familles. Le rapporteur, au nom de la commission, a répondu que le principe établi par l'honorable membre est légitime jusqu'à un certain point; que cependant l'admission des enfants très-jeunes dans une école peut avoir des inconvénients; qu'au reste, les règlements faits sous l'empire de la loi précédente tombent de plein droit par la promulgation de la loi actuelle, et que, pour les détails qui n'ont pu être introduits dans la loi, il faut s'en rapporter à la sagesse et à la prudence des nouvelles autorités qu'elle institue. (Voy. *le Moniteur* du 22 février 1850.)

(2) Il fallait, sous l'ancien régime, une autorisation du conseil de l'université pour ouvrir un pensionnat primaire : cette autorisation n'était même plus accordée depuis quelque temps qu'aux instituteurs pourvus d'un brevet supérieur.

Le conseil académique prescrira, dans l'intérêt de la moralité et de la santé des élèves, toutes les mesures qui seront indiquées dans un règlement délibéré par le conseil supérieur.

Les pensionnats primaires sont soumis aux prescriptions des articles 26, 27, 28, 29 et 30 de la présente loi, et à la surveillance des autorités qu'elle institue.

Ces dispositions sont applicables aux pensionnats de filles en tout ce qui n'est pas contraire aux conditions prescrites par le chapitre V de la présente loi.

### SECTION II.

#### *Des écoles d'adultes et d'apprentis.*

Art. 54. Il peut être créé des écoles primaires communales pour les adultes au-dessus de dix-huit ans, pour les apprentis au-dessus de douze ans.

Le conseil académique désigne les instituteurs chargés de diriger les écoles communales d'adultes et d'apprentis (1).

Il ne peut être reçu dans ces écoles d'élèves des deux sexes.

Art. 55. Les articles 27, 28, 29 et 30 sont applicables aux instituteurs libres qui veulent ouvrir des écoles d'adultes ou d'apprentis.

Art. 56. Il sera ouvert, chaque année, au budget du ministre de l'instruction publique, un crédit pour encourager les auteurs de livres ou de méthodes utiles à l'instruction primaire, et à la fondation d'institutions, telles que : les écoles du dimanche ; les écoles dans les ateliers et les manufactures ; les classes dans les hôpitaux ; les cours publics ouverts conformément à l'art. 77 ; les bibliothèques de livres utiles ; et autres institutions dont les statuts auront été soumis à l'examen de l'autorité compétente.

### SECTION III.

#### *Des salles d'asile (2).*

Art. 57. Les salles d'asile sont publiques ou libres.

---

(1) Le conseil académique pourrait-il désigner un instituteur autre que l'instituteur communal pour la direction de ces écoles? Rien ne s'y oppose, puisque l'article lui laisse complétement le choix de cet instituteur.

(2) Les salles d'asile sont des établissements charitables où les enfants des deux sexes sont admis, jusqu'à l'âge de six ans accomplis, pour recevoir pendant le jour les soins de surveillance maternelle et de première éducation. Elles ont pour objet de soulager les parents pauvres des soins multipliés qu'exigent les enfants de cet âge ; d'inoculer de bonne heure à ces enfants des principes de religion et de piété, et de les entourer d'une solli citude éclairée qu'ils ne rencontrent pas toujours dans leurs familles.

L'origine des salles d'asile date du siècle dernier. Selon l'auteur du *Répertoire des établissements de bienfaisance*, (t. 2, p. 726), cette utile création est due à Oberlin, pasteur protestant du Ban-de-la-Roche, dans les Vosges. Plus tard, en 1800, à Paris, madame de Pastoret réunit, dans une maison du faubourg Saint-Honoré, un certain nombre de petits enfants de quatre à

Un décret du président de la République, rendu sur l'avis du conseil supérieur, déterminera tout ce qui se rapporte à la surveillance et à l'inspection de ces établissements, ainsi qu'aux conditions d'âge, d'aptitude, de moralité, des personnes qui seront chargées de la direction et du service dans les salles d'asile publiques.

Les infractions à ce décret seront punies des peines établies par les art. 29, 30 et 33 de la présente loi.

Ce décret déterminera également le programme de l'enseignement et des exercices dans les salles d'asile publiques, et tout ce qui se rapporte au traitement des personnes qui y seront chargées de la direction ou du service.

Art. 58. Les personnes chargées de la direction des salles d'asile publiques seront nommées par le conseil municipal, sauf l'approbation du conseil académique (1).

Art. 59. Les salles d'asile libres peuvent recevoir des secours sur les budgets des communes, des départements et de l'Etat.

## TITRE III.

### *De l'instruction secondaire* (2).

#### CHAPITRE I<sup>er</sup>.

### *Des établissements particuliers d'instruction secondaire.*

Art. 60. Tout Français âgé de vingt-cinq ans au moins, et n'ayant encouru aucune des incapacités comprises dans l'art. 26 de la pré-

---

six ans sous la surveillance de sœurs chargées d'en prendre soin. En 1826, le développement que cette institution avait reçu en Angleterre appela l'attention de M. Cochin, et bientôt un grand nombre de salles s'ouvrirent à Paris et dans les districts manufacturiers. Depuis, une ordonnance du 22 décembre 1837 a placé ces établissements sous le régime de l'instruction publique et dans les attributions du ministre de ce département. Leur position était toutefois encore indécise, et il faut se féliciter de ce que la loi actuelle va leur donner une base légale.

(1) Les directrices d'asile ne sont point obligées de passer, pour leur nomination, par toutes les formalités qui sont exigées pour la nomination des instituteurs et des institutrices.

(2) L'enseignement secondaire n'est point défini par la loi actuelle. Il reste par conséquent ce qu'il était avant. Or, d'après la loi du 11 floréal an **x**, les écoles secondaires sont celles dans lesquelles on enseigne les langues latine et française, les premiers principes de la géographie, de l'histoire et des mathématiques. Suivant l'art. 10 de la même loi on doit enseigner dans les lycées les langues anciennes, la rhétorique, la logique, la morale et les éléments des sciences mathématiques et physiques.

M. Ferdinand de Lasteyrie a présenté sur ce point un amendement ayant pour but de retrancher les études philosophiques de l'enseignement secondaire pour les rendre à l'enseignement supérieur, alléguant que la philosophie ne devait être enseignée qu'à des esprits mûris dont l'intelligence est déjà assez développée pour pouvoir la comprendre sans danger. M. Thiers a combattu cette proposition. L'illustre orateur n'a point méconnu la difficulté ni le danger même des questions qui sont soulevées par l'enseignement philosophique, et c'est pour cela qu'il veut des écoles spéciales pour les résente loi, peut former un établissement d'instruction secondaire, sous la condition de faire au recteur de l'académie où il se propose de s'établir les déclarations prescrites par l'art. 27, et, en outre, de déposer entre ses mains les pièces suivantes, dont il lui sera donné récépissé :

1° Un certificat de stage constatant qu'il a rempli, pendant cinq ans au moins, les fonctions de professeur ou de surveillant dans un établissement d'instruction secondaire public ou libre;

2° Soit le diplôme de bachelier, soit un brevet de capacité délivré par un jury d'examen dans la forme déterminée par l'art. 62 ;

3° Le plan du local, et l'indication de l'objet de l'enseignement.

Le recteur à qui le dépôt des pièces aura été fait en donnera avis au préfet du département et au procureur de la République de l'arrondissement dans lequel l'établissement devra être fondé.

Le ministre, sur la proposition des conseils académiques et l'avis conforme du conseil supérieur, peut accorder des dispenses de stage(1).

---

soudre et des limites où elles seront renfermées. Aussi l'enseignement philosophique devra-t-il être proportionné à l'état de l'enfant. La philosophie peut donc rester parmi les sciences qui se professent dans l'instruction secondaire, mais son enseignement sera entouré d'une surveillance sévère.

(1) D'après la disposition de cet article, il ne doit plus exister de différence entre les chefs d'institution et les maîtres de pension. La même disposition fait également disparaître l'obligation où étaient ceux-ci de ne pouvoir élever leurs élèves au-dessus de la quatrième, et ceux-là au-dessus de la seconde; ainsi que l'obligation qui était imposée aux uns et aux autres d'envoyer leurs élèves aux classes des lycées ou collèges établis dans la commune.

On a agité sur cet article la question de savoir si les membres des congrégations religieuses non reconnues par l'État pourraient ouvrir et diriger des établissements d'instruction secondaire ou y professer. La commission s'est prononcée pour l'affirmative. Les jésuites ont, comme toujours, été mis en cause et, attaqués avec une grande véhémence. Mais, Mgr Parisis les a noblement vengés de toutes les calomnies auxquelles ils ont été en butte dans cette circonstance. Voici comment s'est exprimé le docte prélat : « Je regarde, dit-il, comme un devoir de dire un mot sur cette grave et sainte matière. (Écoutez.) Je serai excessivement clair et parlerai sincèrement comme toujours. (Parlez, parlez.) Je veux d'abord signaler une erreur qui tient à l'essence même de la question. Les orateurs qui ont traité cette question à cette tribune ont attaqué les jésuites, et il faut considérer comme jésuites toutes les congrégations religieuses. (Mouvement.)

« On les a attaqués spécialement. L'amendement s'applique à toutes les congrégations religieuses, et je les défendrai toutes dans le peu de mots que j'ai à vous dire. (Chut, chut.) Les orateurs qui ont traité cette question des jésuites ont commencé par les séparer de l'Église elle-même, ils en ont fait un corps à part, venant de lui-même s'imposer aux pasteurs, les compromettant sous prétexte de les aider. Je leur rends justice, ils ont voulu mettre ainsi la religion à part, et lui épargner les attaques des adversaires des congrégations religieuses.

« J'en veux pour preuve les paroles respectueuses que tous ont prononcées pour l'Église et pour ses ministres. Et pourtant, je vous en préviens, ces orateurs se sont trompés : on ne peut séparer ainsi des jésuites de l'Église elle-même. (Vif mouvement presque général.—Sensation prolongée.) As-

Art. 61. Les certificats de stage sont délivrés par le conseil académique sur l'attestation des chefs des établissements où le stage aura
été accompli.

Toute attestation fausse sera punie des peines portées en l'art. 160
du Code pénal (1).

Art. 62. Tous les ans, le ministre nomme, sur la présentation du
conseil académique, un jury chargé d'examiner les aspirants au brevet de capacité. Ce jury est composé de sept membres, y compris le
recteur, qui le préside.

Un ministre du culte professé par le candidat et pris dans le conseil académique, s'il n'y en a déjà un dans le jury, sera appelé avec
voix délibérative.

Le ministre, sur l'avis du conseil supérieur de l'instruction publi-

---

surément, l'Eglise peut vivre sans eux ; l'Eglise était avant leur naissance ;
mais ils ne peuvent se passer de l'Eglise, ils existent par sa volonté. L'E-
glise seule les a produits ; l'Eglise les conserve dans son sein ; l'Eglise
leur envoie faire leur œuvre par tout le monde. (Nouvelle sensation.)

« Après cela, je ne nie pas les torts particuliers qui ont pu se produire
dans l'ordre. Ces torts ont été exagérés ; mais ils ont été condamnés par
l'Eglise ; mais la société n'enseigne que ce qu'enseigne l'Eglise catholique ;
elle a pour elle une obéissance entière, silencieuse, héroïque. (Nouveau
mouvement.)

« Si c'était pour louer les jésuites qu'on nous eût séparés d'eux, nous
n'aurions pas réclamé ; mais c'est pour les accuser, pour les condamner,
pour les proscrire, et nous réclamons. (Très-bien.) Leur cœur est le nôtre,
et nous serions des lâches si nous refusions de nous déclarer solidaires dans
une certaine mesure. (Agitation extraordinaire et prolongée.—Quelques
applaudissements se font entendre.) C'est vous dire que je repousse comme
des injustices odieuses, et, si j'ose le dire... (Parlez, parlez!) comme des
calomnies odieuses... (Exclamations à gauche) vous l'avez permis... (On
rit), tout ce qui a été dit contre les jésuites considérés dans leur ensemble.

« Que l'on repousse de l'enseignement tel ou tel jésuite comme individu ;
mais qu'on rejette tous les jésuites en masse, parce qu'ils sont jésuites,
c'est ce que nous ne pouvons admettre. L'Eglise considère qu'on fait contre
elle-même ce qu'on fait contre des hommes qu'elle considère comme des
soldats courageux et fidèles. (Interruption). Ils ont donné une nouvelle
preuve de leur dévouement aux bagnes de Toulon et de Brest.

« Pie IX leur a donné sa haute et sainte approbation dans son bref à l'évêque d'Incoln. Quant à moi, je dirai que nous ne considérons dans le clergé
régulier de tout ordre, quel qu'il soit, que des amis qui nous honorent et
des frères qui nous assistent ; eh bien, nous ne consentirons jamais à les
livrer, comme la rançon des avantages que peut nous procurer la loi.» (Sensation prolongée.)

M. Thiers est venu aussi prêter l'appui de son talent à la cause de la
liberté des congrégations religieuses, en établissant victorieusement que la
constitution ayant consacré la liberté d'enseignement, pour les laïcs et pour
le clergé, sans autre condition que celles de la moralité et de la capacité, il
était impossible de demander à un individu s'il appartenait ou non à une
congrégation religieuse, et que par conséquent on ne saurait refuser la
liberté d'enseigner aux jésuites comme individus. C'est ce système qui a été
adopté par l'Assemblée.

(1) Les peines portées par cet article sont un emprisonnement de deux à
cinq ans; si celui qui a fait le certificat faux y a été mû par dons ou pro-
messes, il sera puni du bannissement; les corrupteurs seront, en ce cas,
punis de la même peine.

que, instituera des jurys spéciaux pour l'enseignement professionnel.

Les programmes d'examen seront arrêtés par le conseil supérieur.

Nul ne pourra être admis à subir l'examen de capacité avant l'âge de vingt-cinq ans.

Art. 63. Aucun certificat d'études ne sera exigé des aspirants au diplôme de bachelier ou au brevet de capacité (1).

Le candidat peut choisir la faculté ou le jury académique devant lequel il subira son examen (2).

Un candidat refusé ne peut se présenter avant trois mois à un nouvel examen sous peine de nullité du diplôme ou brevet indûment obtenu (3).

Art. 64. Pendant le mois qui suit le dépôt des pièces requises par l'art. 60, le recteur, le préfet et le procureur de la République peuvent se pourvoir devant le conseil académique, et s'opposer à l'ouverture de l'établissement, dans l'intérêt des mœurs publiques ou de la santé des élèves.

Après ce délai, s'il n'est intervenu aucune opposition, l'établissement peut être immédiatement ouvert.

En cas d'opposition, le conseil académique prononce, la partie entendue ou dûment appelée, sauf appel devant le conseil supérieur de l'instruction publique (4).

Art. 65. Est incapable de tenir un établissement public ou libre d'instruction secondaire, ou d'y être employé, quiconque est atteint de l'une des incapacités déterminées par l'art. 26 de la présente loi, ou qui, ayant appartenu à l'enseignement public, a été révoqué avec interdiction, conformément à l'art. 14 (5).

Art. 66. Quiconque, sans avoir satisfait aux conditions prescrites par la loi, aura ouvert un établissement d'instruction secondaire, sera poursuivi devant le tribunal correctionnel du lieu du délit, et condamné à une amende de cent francs à mille francs. L'établissement sera fermé.

En cas de récidive, ou si l'établissement a été ouvert avant qu'il ait été statué sur l'opposition, ou contrairement à la décision du

---

(1) La suppression des certificats d'études pour les aspirants au baccalauréat avait déjà été ordonnée par décret du président de la république du 16 nov. 1849. (Voy. *Bulletin des Lois civiles ecclésiastiques*, vol. 1849, p. 363.) Cette suppression fait une situation nouvelle aux établissements ecclésiastiques en vue desquels l'obligation des certificats d'études fut créée et maintenue avec tant de rigueur. (Voy. l'art. 70 et et la note.)

(2) D'après les anciens règlements, les candidats étaient obligés de se présenter devant la faculté du chef-lieu de l'académie dans le ressort de laquelle ils avaient achevé leurs études, ou de solliciter une dispense qui n'était pas toujours accordée.

(3) Il est à remarquer que la loi n'oblige point le candidat refusé à se présenter de nouveau à la même faculté. Il peut donc en choisir une autre, s'il le juge à propos.

(4) Voy. ci-dessus l'art. 28, § 2.

(5) Voyez les art. 30, 33, 68, et le § 7 de l'art. 5.

conseil académique qui l'aurait accueillie, le délinquant sera condamné à un emprisonnement de quinze jours à un mois, et à une amende de mille à trois mille francs.

Les ministres des différents cultes reconnus peuvent donner l'instruction secondaire à quatre jeunes gens, au plus, destinés aux écoles ecclésiastiques, sans être soumis aux prescriptions de la présente loi, à la condition d'en faire la déclaration au recteur (1).

Le conseil académique veille à ce que ce nombre ne soit pas dépassé.

Art. 67. En cas de désordre grave dans le régime intérieur d'un établissement libre d'instruction secondaire, le chef de cet établissement peut être appelé devant le conseil académique, et soumis à la réprimande, avec ou sans publicité.

La réprimande ne donne lieu à aucun recours.

Art. 68. Tout chef d'établissement libre d'instruction secondaire, toute personne attachée à l'enseignement ou à la surveillance d'une maison d'éducation, peut, sur la plainte du ministère public ou du recteur, être traduit, pour cause d'inconduite ou d'immoralité, devant le conseil académique, et être interdit de sa profession, à temps ou à toujours, sans préjudice des peines encourues pour crimes ou délits prévus par le Code pénal.

Appel de la décision rendue peut toujours avoir lieu, dans les quinze jours de la notification, devant le conseil supérieur (2).

L'appel ne sera pas suspensif.

Art. 69. Les établissements libres peuvent obtenir des communes, des départements ou de l'Etat, un local et une subvention, sans que cette subvention puisse excéder le dixième des dépenses annuelles de l'établissement (3).

---

(1) La faculté donnée ici aux ministres des cultes reconnus existait sous l'ancien régime pour les curés et desservants, en vertu de l'ordonnance royale du 27 février 1821. Voici comment était conçu l'article 28 de cette ordonnance qui consacrait cette faculté :

« Lorsque dans les campagnes, un curé ou un desservant voudront se « charger de former deux ou trois jeunes gens pour les petits séminaires, ils « devront en faire la déclaration au recteur de l'Académie, qui veillera à « ce que ce nombre ne soit pas dépassé ; ils ne paieront point de droit an- « nuel, et leurs élèves seront exempts de la rétribution universitaire. »

L'exercice du droit conféré ici au curé ou desservant ne fait point obstacle à ce qu'il tienne une école primaire libre, en se conformant aux prescriptions de la loi. (Voyez l'art. 27 et la note.)

(2) Dans le système de la nouvelle loi, les conseils académiques et le conseil supérieur forment, en matière contentieuse ou disciplinaire relative à l'enseignement libre ou public, les deux degrés de juridiction (art. 5 et 14). Il n'y a par conséquent plus de recours au conseil d'État. Ce recours qui avait été introduit dans les affaires de ce genre par le décret du 15 nov. 1811 n'était plus logiquement possible dans le nouvel état de la législation, qui n'a constitué nulle part le conseil d'État le tribunal d'appel d'aucune juridiction pénale ou disciplinaire. (Voyez l'art. 76.)

(3) Cette faveur leur avait aussi été jadis accordée par la loi du 11 floréal an x. « Le Gouvernement, porte l'art. 7 de cette loi, encouragera l'établis-

Les conseils académiques sont appelés à donner leur avis préalable sur l'opportunité de ces subventions.

Sur la demande des communes, les bâtiments compris dans l'attribution générale faite à l'Université par le décret du 10 décembre 1808 pourront être affectés à ces établissements par décret du pouvoir exécutif.

Art. 70. Les écoles secondaires ecclésiastiques actuellement existantes sont maintenues, sous la seule condition de rester soumises à la surveillance de l'Etat.

Il ne pourra en être établi de nouvelles sans l'autorisation du Gouvernement (1).

---

« sement des écoles secondaires, et récompensera la bonne instruction qui
« y sera donnée, soit par la concession d'un local, soit par la distribution de
« places gratuites dans les lycées, à ceux des élèves de chaque département
« qui se seront le plus distingués, et par des gratifications accordées aux
« cinquante maîtres de ces écoles qui auront eu le plus d'élèves admis aux
« lycées. »

Il est bien entendu que la jouissance d'un local appartenant à l'Université pourra être concédée à une école libre, soit laïque, soit ecclésiastique.

(1) On sait que la loi du 23 ventôse an XII, rendue en exécution du concordat, reconnaît le droit des évêques d'entretenir dans leur diocèse, sous le nom de *séminaire*, une maison d'instruction pour ceux qui se destinent à l'état ecclésiastique. Cette même loi tenta de prescrire l'enseignement qui y serait donné, mais le décret du 17 mars 1808 déclara que l'instruction dans les séminaires dépendait des archevêques et évêques, qui nomment et révoquent les professeurs. Ainsi, lorsqu'il fondait l'Université, Napoléon reconnaissait que les séminaires étaient des écoles spéciales qui ne devaient pas être soumises aux lois générales sur l'instruction publique.

Pour perfectionner le système d'enseignement pratique dans les séminaires, afin de favoriser les vocations religieuses, les évêques jugèrent utile de diviser ces maisons en deux sections. Dans la première, nommée *petit séminaire*, est donné un cours complet d'instruction secondaire ; les élèves entrent ensuite dans la seconde, appelée *grand séminaire*, pour y appliquer aux études théologiques les connaissances qu'ils ont acquises, et se préparer à recevoir les ordres.

Privés des secours du Gouvernement, les petits séminaires n'en prospérèrent pas moins ; mais leurs progrès alarmèrent l'Université. Tous les élèves admis dans les petits séminaires n'entraient pas dans les grands, pas plus que tous les élèves des grands n'entraient dans les ordres. On conclut de ce fait que ces établissements, auxquels on s'attacha à donner la dénomination d'*écoles secondaires ecclésiastiques*, n'étaient que de simples maisons d'éducation, destinées à faire, sous l'égide de l'autorité épiscopale, une concurrence illégale à l'Université, et qu'il fallait en conséquence les soumettre au régime commun.

Deux opinions ont donc été émises sur ce point. D'un côté, l'on a pensé que ces maisons devaient toujours être considérées comme des écoles spéciales auxquelles la loi ordinaire ne pouvait pas être imposée ; de l'autre, il a été soutenu que l'ordonnance du 16 juin 1828 étant abrogée par la présente loi, elles devaient rentrer naturellement sous l'empire du droit commun. Dès lors, le directeur d'un petit séminaire, quoique nommé par l'évêque, devait avoir rempli les conditions de diplôme et de stage prescrites par la loi. Cette opinion, toutefois, n'a point prévalu dans la Commission ni dans l'Assemblée législative, où il a été reconnu que les petits séminaires continueraient d'exister comme des écoles spéciales, et en dehors des prescriptions de la nouvelle loi, sous la seule condition d'être

## CHAPITRE II.

*Des établissements publics d'instruction secondaire.*

Art. 71. Les établissements publics d'instruction secondaire sont les lycées et les colléges communaux.

Il peut y être annexé des pensionnats.

Art. 72. Les lycées sont fondés et entretenus par l'Etat avec le concours des départements et des villes.

Les colléges communaux sont fondés et entretenus par les communes.

Ils peuvent être subventionnés par l'Etat.

Art. 73. Toute ville dont le collége communal sera, sur la demande du conseil municipal, érigé en lycée, devra faire les dépenses de construction et d'appropriation requises à cet effet, fournir le mobilier et les collections nécessaires à l'enseignement, assurer l'entretien et la réparation des bâtiments.

Les villes qui voudront établir un pensionnat près du lycée devront fournir le local et le mobilier nécessaires et fonder pour dix ans, avec ou sans le concours du département, un nombre de bourses fixé de gré à gré avec le ministre. A l'expiration des dix ans, les villes et départements seront libres de supprimer les bourses, sauf le droit acquis aux boursiers en jouissance de leur bourse.

Dans le cas où l'Etat voudrait conserver le pensionnat, le local et le mobilier resteront à sa disposition et ne feront retour à la commune que lors de la suppression de cet établissement.

Art. 74. Pour établir un collége communal, toute ville doit satisfaire aux conditions suivantes : fournir un local approprié à cet usage, et en assurer l'entretien ; placer et entretenir dans ce local le mobilier nécessaire à la tenue des cours, et à celle du pensionnat, si l'établissement doit recevoir des élèves internes ; garantir pour cinq ans au moins le traitement fixe du principal et des professeurs, lequel sera considéré comme dépense obligatoire pour la commune, en cas d'insuffisance des revenus propres du collége, de la rétribution collégiale payée par les externes, et des produits du pensionnat.

---

soumis à la surveillance. Les directeurs de ces établissements ne sont donc point assujettis aux formalités qui sont prescrites aux autres citoyens pour fonder et diriger une maison d'éducation. (Voyez le *Rapport de M. Beugnot* ; voyez aussi l'art. 60 et la note.)

D'une autre part, les ordonnances de 1828 ayant été dans le cours de la discussion déclarées abrogées, il en résulte que les écoles secondaires ecclésiastiques sont complétement affranchies des prescriptions de ces ordonnances. Ainsi, le nombre des élèves admis dans les écoles était limité ; elles ne pouvaient recevoir d'externes ; le directeur devait être agréé par le Gouvernement ; les élèves devaient porter l'habit ecclésiastique. Toutes ces conditions n'existent plus. (Voyez le *Moniteur* du 15 mars 1850.)

Dans le délai de deux ans, les villes qui ont fondé des colléges communaux en dehors de ces conditions devront y avoir satisfait.

Art. 75. L'objet et l'étendue de l'enseignement dans chaque collége communal seront déterminés, eu égard aux besoins de la localité, par le ministre de l'instruction publique, en conseil supérieur, sur la proposition du conseil municipal et l'avis du conseil académique.

Art. 76. Le ministre prononce disciplinairement contre les membres de l'instruction secondaire publique suivant la gravité des cas : 1° la réprimande devant le conseil académique ; 2° la censure devant le conseil supérieur ; 3° la mutation pour un emploi inférieur ; 4° la suspension des fonctions, pour une année au plus, avec ou sans privation totale ou partielle du traitement ; 5° le retrait d'emploi, après avoir pris l'avis du conseil supérieur ou de la section permanente (1).

Le ministre peut prononcer les mêmes peines, à l'exception de la mutation pour un emploi inférieur, contre les professeurs de l'enseignement supérieur (2).

Le retrait d'emploi ne peut être prononcé contre eux que sur l'avis conforme du conseil supérieur.

---

(1) Le décret du 17 mars 1808 prononçait contre les membres de l'Université un grand nombre de peines. La plus grave était la radiation du tableau, qui entraînait la privation des droits civiques ; elle a été abrogée par la nouvelle loi.

(2) M. Pascal Duprat s'est élevé contre ce paragraphe. Il lui a semblé que l'on devait donner contre l'édiction de ces peines disciplinaires d'autres garanties que celles résultant de la conscience politique d'un ministre. Il a, en conséquence, proposé de changer le paragraphe en question et de n'armer le ministre du droit de prononcer les peines susdites qu'après une instruction préalable devant les conseils académiques.

M. de Parieu a soutenu le droit conféré au ministre. Il a dit qu'il était temps que la loi régularisât ce qui était dans les faits, puisque les ministres avaient présentement le droit de mettre les professeurs en disponibilité. Quant aux professeurs de l'enseignement supérieur, une loi doit intervenir à cet égard ; mais en attendant, il est important que l'autorité soit nettement établie. L'amendement n'a point été adopté. (Voy. l'art. 68 et la note).

L'ancienne législation avait déterminé les cas dans lesquels les membres de l'enseignement public, secondaire ou supérieur, pouvaient être frappés des peines disciplinaires. Ainsi il y avait lieu à l'application de ces peines, lorsqu'un membre de l'Université n'observait point les règlements et statuts; que des plaintes et des réclamations s'élevaient contre lui relativement à l'exercice de ses fonctions ; qu'il se rendait coupable d'injures, de diffamation et de scandales à l'égard d'un autre membre (art. 41 du décret du 15 nov. 1808); lorsqu'il s'écartait des bases d'enseignement prescrites par les lois et règlements (art. 64, même décret); lorsqu'il manquait à la subordination et au respect dû aux supérieurs (art. 66, même décret) ; lorsqu'il était repris pour des faits portant le scandale dans l'établissement ou blessant la délicatesse et l'honnêteté (art. 66, même décret); lorsqu'il abandonnait ses fonctions sans l'accomplissement des formalités exigées (art. 69, même décret).

La loi actuelle ne spécifie point les motifs pour lesquels les peines disciplinaires peuvent être appliquées.

La révocation aura lieu dans les formes prévues par l'art. 14.

## TITRE IV.

### *Dispositions générales.*

**Art. 77.** Les dispositions de la présente loi concernant les écoles primaires ou secondaires sont applicables aux cours publics sur les matières de l'enseignement primaire ou secondaire.

Les conseils académiques peuvent, selon les degrés de l'enseignement, dispenser ces cours de l'application des dispositions qui précèdent, et spécialement de l'application du dernier paragaphe de l'art. 54.

**Art. 78.** Les étrangers peuvent être autorisés à ouvrir ou diriger des établissements d'instruction primaire ou secondaire, aux conditions déterminées par un règlement délibéré en conseil supérieur.

**Art. 79.** Les instituteurs adjoints des écoles publiques, les jeunes gens qui se préparent à l'enseignement primaire public dans les écoles désignées à cet effet, les membres ou novices des associations religieuses, vouées à l'enseignement et autorisées par la loi ou reconnues comme établissements d'utilité publique, les élèves de l'école normale supérieure(1), les maîtres d'étude, régents et professeurs des colléges et lycées, sont dispensés du service militaire, s'ils ont, avant l'époque fixée pour le tirage, contracté devant le recteur l'engagement de se vouer, pendant dix ans, à l'enseignement public, et s'ils réalisent cet engagement (2).

**Art. 80.** L'art. 463 du Code pénal pourra être appliqué aux délits prévus par la présente loi (3).

---

(1) L'école normale supérieure a été créée par le décret organique du 17 mars 1808 ; elle est destinée à former des professeurs. Quoique la loi nouvelle ne dise rien sur ce qui la concerne, elle n'en continuera pas moins à exister.

(2) La dispense du service militaire pour les jeunes gens qui contractaient un engagement pour l'enseignement public avait précédemment été consacrée par la législation. (Voy. art. 14 de la loi du 21 mars 1832). On peut remarquer qu'il n'est pas question des instituteurs. C'est que d'après la loi actuelle l'on ne pourra plus être nommé instituteur en titre qu'après avoir passé l'âge fixé pour le recrutement. Ainsi, le jeune homme qui se destine à l'enseignement primaire public et qui ne sera pas élève-maître, soit dans les écoles normales, soit dans les écoles de stage, devra nécessairement, pour être dispensé du service militaire, obtenir une place d'instituteur-adjoint dans une école communale.

(3) C'est-à-dire que s'il est reconnu qu'il y a en faveur du membre inculpé des circonstances atténuantes, les peines édictées par la présente loi pourront être modifiées dans les termes prescrits par l'art. 463 du code pénal. Nous citerons seulement le dernier paragraphe de cet article, qui est ainsi conçu :

« Dans tous les cas où la peine de l'emprisonnement et celle de l'amende
« sont prononcées par le code pénal, si les circonstances paraissent atté-
« nuantes, les tribunaux correctionnels sont autorisés, même en cas de
« récidive, à réduire l'emprisonnement même au-dessous de six jours, et

Art. 81. Un règlement d'administration publique déterminera les dispositions de la présente loi, qui seront applicables à l'Algérie.

Art. 82. Sont abrogées toutes les dispositions des lois, décrets ou ordonnances contraires à la présente loi.

### DISPOSITIONS TRANSITOIRES.

Art. 83. Les chefs ou directeurs d'établissements d'instruction secondaire ou primaire libres, maintenant en exercice, continueront d'exercer leurs professions sans être soumis aux prescriptions des art. 53 et 60.

Ceux qui en ont interrompu l'exercice pourront le reprendre sans être soumis à la condition du stage.

Le temps passé par les professeurs et les surveillants dans ces établissements leur sera compté pour l'accomplissement du stage prescrit par ledit article.

Art. 84. La présente loi ne sera exécutoire qu'à dater du 1er sep-tembre 1850 (1).

Les autorités actuelles continueront d'exercer leurs fonctions jusqu'à cette époque.

Néanmoins, le conseil supérieur pourra être constitué et il pourra être convoqué par le ministre avant le 1er septembre 1850; et, dans ce cas, les art. 1, 2, 3, 4, l'art. 5, à l'exception de l'avant-dernier paragraphe, les art. 6 et 76 de la présente loi, deviendront immédiatement applicables.

La loi du 11 janvier 1850 est prorogée juqu'au 1er septembre 1850 (2).

Dans le cas où le conseil supérieur aurait été constitué avant cette époque, l'appel des instituteurs révoqués sera jugé par le ministre de l'instruction publique, en section permanente du conseil supérieur.

Art. 85. Jusqu'à la promulgation de la loi sur l'enseignement supérieur, le conseil supérieur de l'instruction publique et sa section permanente, selon leur compétence respective, exerceront, à l'égard de cet enseignement, les attributions qui appartenaient au conseil de

---

« l'amende même au-dessous de 16 fr.; ils pourront aussi prononcer sépa-
« rément l'une ou l'autre de ces peines, et même substituer l'amende à
« l'emprisonnement, sans qu'en aucun cas elle puisse être au-dessous des
« peines de simple police. »

(1) Mais à partir de cette époque, les fonctionnaires de l'enseignement primaire ou secondaire ne sont-ils pas soumis à une institution nouvelle? Cette question a été soulevée dans le cours de la discussion et résolue en ce sens que ces fonctionnaires n'y sont point astreints par la présente loi ; qu'ils sont de droit maintenus dans leur position actuelle, et qu'ils n'auront pas besoin d'une nomination nouvelle pour continuer à exercer leurs fonctions (Voy. *le Moniteur* du 27 février 1850).

(2) Voyez cette loi dans notre livraison de janvier 1850.

l'Université, et les nouveaux conseils académiques, les attributions qui appartenaient aux anciens.

Délibéré en séance publique, à Paris, les 19 janvier, 26 février et 15 mars 1850.

*Le président et les secrétaires,*
BEDEAU (le général), ARNAUD (de l'Ariége), LACAZE, PEUPIN, CHAPOT, BÉRARD.

La présente loi sera promulguée et scellée du sceau de l'État.

*Le Président de la République,*
L. N. BONAPARTE.

*Le garde des sceaux, ministre de la justice,*
E. ROUHER.

(Extrait du *Bulletin des lois civiles ecclésiastiques*.)

**Le Droit civil ecclésiastique français**, ancien et moderne, dans ses rapports avec le droit canon et la législation actuelle, ou recueil complet et selon l'ordre chronologique, depuis saint Louis jusqu'en 1849, des Pragmatiques, Concordats, Lois, Décrets, Ordonnances, Circulaires, Arrêts, Avis du conseil d'Etat, et tous autres Actes de la puissance civile relatifs au Droit public de l'Eglise, à sa juridiction, à sa discipline, à l'administration temporelle des paroisses, aux congrégations religieuses, aux séminaires, etc., avec des notes historiques et de concordance, l'indication des lois et règlements actuellement en vigueur et un résumé [des diverses décisions juridiques qui forment aujourd'hui la jurisprudence ecclésiastique. Ouvrage éminemment utile aux ecclésiastiques, publié avec les encouragements de Mgr Affre, archevêque de Paris, par G. de CHAMPEAUX, avocat à la Cour d'appel de Paris, membre de l'Institut historique, de la Société de l'Histoire ecclésiastique de France, et de plusieurs autres Sociétés savantes. 2 *forts vol. in-8, chez* COURCIER, *éditeur, rue Hautefeuille,* 9. Prix : 15 fr.

# BULLETIN

DES

# Lois civiles ecclésiastiques

RECUEIL ENCYCLOPÉDIQUE

DU DROIT ET DE LA JURISPRUDENCE EN MATIÈRE RELIGIEUSE
ET DU CONTENTIEUX DU CULTE,

CONTENANT

Le texte des lois, décrets, arrêtés, circulaires, décisions ministérielles, et généralement de tous autres actes émanés de l'autorité civile, et relatifs au droit public de l'Église, à sa juridiction, à sa discipline, à l'administration temporelle des paroisses, aux congrégations religieuses, aux séminaires, etc., etc.

La Conférence de la nouvelle législation avec l'ancienne, et particulièrement avec le droit canon.

Les arrêts et avis du conseil d'État, arrêts de la Cour de cassation, des Cours d'appel, jugements des Tribunaux, et toutes décisions des diverses autorités, rendues en matière ecclésiastique.

Des consultations gratuites sur toutes les questions de droit pouvant intéresser les ministres du culte, les conseils de fabriques, les établissements religieux, les bureaux de bienfaisance, etc.

Des dissertations sur la liturgie, le droit canonique, la législation et la jurisprudence universitaires.

Les nouvelles et faits divers dignes de figurer dans les annales ecclésiastiques, les brefs du Pape, les travaux des conférences ecclésiastiques, les ordonnances et circulaires épiscopales, les cours des facultés de théologie, les nouvelles des missions, des articles bibliographiques; en un mot, tout ce qui est de nature à intéresser la religion, la philosophie, l'histoire, la littérature, les sciences et les arts.

*sous la direction de*

## M. G. DE CHAMPEAUX,

Avocat à la Cour d'appel de Paris,
membre de l'Institut historique, de la Société de l'histoire ecclésiastique de France, et de plusieurs autres sociétés savantes.

Paris, rue Cassette, 25.

---

Le *Bulletin des Lois civiles ecclésiastiques* paraît *à la fin* de chaque mois. Chaque livraison mensuelle, composée de deux feuilles in-8, est envoyée sous couverture imprimée, et *franco*.

Le prix annuel de la souscription est de 6 fr. pour Paris et les départements, et 8 fr. pour l'étranger. Le montant en doit être envoyé au bureau en même temps que la souscription.

On ne peut s'abonner pour moins d'un an, savoir, du 1er janvier au 31 décembre de chaque année. La personne qui souscrit dans le courant de l'année reçoit toujours immédiatement les livraisons qui ont paru depuis le commencement. Celle qui fait, ou pour elle-même ou pour d'autres, dix souscriptions, a droit à un abonnement gratuit.

Il y a un Conseil de jurisprudence qui répond gratuitement à toutes les questions adressées par les Souscripteurs.

Paris.—Imprimerie Bonaventure et Ducessois, 55, quai des Grands-Augustins.